지구를 위해 달려라
적정 기술

내일의 공학 04
지구를 위해 달려라, 적정 기술

초판 1쇄 펴낸날 2023년 5월 29일
초판 3쇄 펴낸날 2025년 7월 14일

글　　서지원
그림　　박종호
펴낸이　홍지연

편집　　홍소연 고영완 이태화 김지예 이수진 김신애
디자인　이정화 박태연 정든해 이설
마케팅　강점원 원숙영 김가영 김동휘
경영지원 정상희 배지수

펴낸곳　(주)우리학교
출판등록 제313-2009-26호(2009년 1월 5일)
제조국　대한민국
주소　　04029 서울시 마포구 동교로12안길 8
전화　　02-6012-6094
팩스　　02-6012-6092
홈페이지 www.woorischool.co.kr
이메일　woorischool@naver.com

ⓒ 서지원, 2023
ISBN 979-11-6755-207-5 (73500)

- 책값은 뒤표지에 적혀 있습니다.
- 잘못된 책은 구입한 곳에서 바꾸어 드립니다.
- KC마크는 이 제품이 공통안전기준에 적합하였음을 의미합니다.

- 사진 저작권
  33쪽 ⓒ셔터스톡
  69, 77, 93쪽 ⓒ헬로아카이브
  118쪽 ⓒAmit Madheshiya, ted.com

- 이 책은 산업통상자원부의 지원을 받아 NAEK 한국공학한림원과 (주)우리학교가 발간합니다.

만든 사람들
편집　탁산화
디자인　이든디자인　　**아트디렉팅**　Studio Marzan

내일의 공학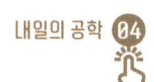

지구를 위해 달려라
적정 기술

서지원 글 ◆ 박종호 그림

우리학교

머리말

모두가 함께 가는 길

오늘날 인류는 4차 산업 혁명의 시대로 접어들었어요. 10여 년 전과 비교하면 세상은 놀랍도록 변했지요. 스마트폰과 초고속 인터넷, 빅데이터가 없다면 일상생활이 불가능할 정도예요.

하지만 이런 거대한 변화는 지구 전체에서 일어나는 게 아니에요. 어떤 곳에서는 아직 1차 산업 혁명도 제대로 겪지 못했거든요. 아프리카나 아마존 오지에서는 여전히 동물을 이용해 농사를 지어요. 컴퓨터와 인터넷, IT 기술이 발달하지 못해 3차 산업 혁명이 제대로 일어나지 않은 나라도 엄청나게 많지요. 앞으로 4차 산업 혁명이 본격적인 궤도에 오르면 나라 간의 격차는 더욱 커질 거예요.

하지만 과학 기술이 발전하면서 생긴 문제들은 지구 전체에 영향을 끼쳤어요. 환경 오염과 지구 온난화, 전염병과 빈곤, 에너지와 물 부족, 기상 이변과 자연 재해 등 다양한 문제들이 천문학적인 피해를 주고 있어요.

오늘날 이 같은 세상을 만든 것은 '공학'이에요. 공학은 문제를 발견하면 그 문제를 기술적으로 해결하는 방법을 찾아 제시하는 학문이에요. 그러니까 공학은 원천적으로 문제 해결을 위해 만들어진 학문이지요. 그래서 많은 공학자가 환경 오염과 지구 온난화, 빈곤과 불평등의 문제를 공학으로 해결하려 노력하고 있어요. 적정 기술 또한 그런 공학의 일부분이지요.

적정 기술은 원시적인 생활에 머물러 있는 사람들의 삶을 향상시키기 위해 노력하고 있어요. 그래서 겉으로 보기에는 단순하고 보잘것없어 보일지 몰라도, 첨단 공학 기술만큼이나 중요해요.

적정 기술을 연구하는 공학자들을 보면서 미래에는 어떤 사람이 성공하고, 어떤 사람이 행복해질까 생각해 보았어요. 아마 자신에게 닥친 문제를 적극적으로 해결하는 사람이 결국 성공하고 행복해지겠지요. 그렇다면 자신에게 닥친 문제뿐 아니라 타인과 세상에 닥친 문제도 해결하려는 사람은 어떨까요? 더 큰 성공, 더 큰 행복을 얻지 않을까요? 공학과 적정 기술의 역할이 바로 그와 비슷하지 않을까 합니다.

"길은 누가 여는 게 아니야. 여럿이 함께 가야 생기는 거야." 경제학자이자 작가였던 신용복 교수님이 남긴 말이에요. 길은 여러 사람이 함께 가야 만들어지는 것이지요. 앞으로는 내 주변 사람들은 물론, 지구 저편에서 힘들어하는 사람들도 돌아보세요. 누군가 어려움을 겪는 사람이 있다면 적극적으로 도와야 해요. 함께하는 과정에서 나의 부족함을 채워 줄 사람도 만날 수 있을 거예요. 그렇게 서로의 부족함을 채우며 길을 연다면 세상은 좀 더 나은 곳이 되지 않을까요?

서지원

목 차

1. 모두를 위한 착한 기술

첨단 문명에서 소외된 사람들 ◆ 10
인간을 위한, 평등한 과학 기술 ◆ 15
중간 기술에서 적정 기술로 ◆ 18
적정 기술이 해결할 수 있다고? ◆ 21
적정 기술의 필수 조건들 ◆ 26

환경 탐정 끆와 공학특공대 ◆ 32
중간 기술은 적정 기술과 어떻게 다를까?

2. 깨끗한 물을 만들어 내는 착한 기술

지구촌의 물 문제 ◆ 36
굴러가는 물통 '큐드럼' ◆ 40
생명을 구하는 빨대와 책 ◆ 43
맑은 물이 올라오는 '행복한 대야' ◆ 46
이슬을 모아 식수를 만드는 '와카워터' ◆ 48
땅속 물을 끌어 올리는 '대나무 발판 펌프' ◆ 50
놀면서 물을 만들어요, '플레이 펌프' ◆ 52

환경 탐정 끆와 공학특공대 ◆ 56
이동식 스마트 교실에서 공부하자!

3. 빛을 만드는 마법의 기술

에너지로 희망을 밝혀요! ◆ 60
페트병 등 '리터 오브 라이트' ◆ 64
전기를 만드는 축구공 '소켓 볼' ◆ 67
중력을 이용한 전구 '그래비티 라이트' ◆ 70
학교에 가며 빛을 만들어요 ◆ 73

환경 탐정 끆와 공학특공대 ◆ 76
적정 기술 노트북은 왜 실패했을까?

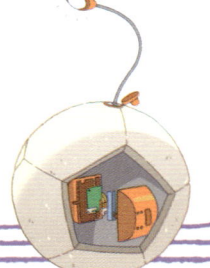

4. 따뜻하고 시원한 집을 만드는 기술

안전하고 살기 좋은 집이 필요해요! ◆ 80
누구나 쉽게 짓는 '흙 건축' ◆ 82
몽골의 겨울도 따뜻하게 ◆ 85
에어컨 없이도 시원하게 '바람잡이 탑' ◆ 88
재활용품으로 지은 학교 '페트병 학교' ◆ 90

환경 탐정 끆와 공학특공대 ◆ 92
적정 기술로 건축계 노벨상을 받았다고?

5. 지구를 구하는 생활 도구들

누구나 사용할 수 있는 도구를 위해 ◆ 96
전기가 필요 없는 냉장고 '팟인팟 쿨러' ◆ 98
요리를 위한 특별한 도구들 ◆ 101
발로 돌리는 세탁기 '기라도라' ◆ 108
안전하게 아기를 낳아요, '잰마키트' ◆ 110
공학으로 만드는 지속 가능한 지구 ◆ 112

환경 탐정 끆와 공학특공대 ◆ 118
종이로 만든 현미경이 있다고?

모두를 위한
착한 기술

첨단 문명에서 소외된 사람들

확실히 지구는 과거에 비해 살기 좋은 곳이 되었어요. 콘센트에 플러그를 꽂기만 하면 언제든 전기를 쓸 수 있고, 감기는 물론 암처럼 무시무시한 질병도 치료할 수 있는 기술이 발명되었잖아요. 그뿐만 아니라 과거에는 사람의 힘으로 해야만 하던 것들을 기계로 대신할 수 있게 되었지요.

먹을 것을 걱정할 필요도 없어요. 유전자를 조작한 농산물은 기존의 것보다 훨씬 크고 많은 양을 수확할 수 있어요.

첨단 과학 기술은 우리 생활 속으로 깊숙이 파고들어 이제는 없어서는 안 될 생활 일부가 되었고, 신체 일부까지 되었어요. 우리는 스마트폰 하나로 음식을 주문하고, 길을 찾고, 지구 건너편에 있는 사람과 얼굴을 보며 대화하고, 바다 건너의 소식을 실시간으로 확인해요. 과학은 세상을 빠르게 변화시키고 있어요.

지금의 인류인 호모 사피엔스 사피엔스는 약 4만 년 전부터 지구에 살기 시작했어요. 그리고 농사를 짓기까지 자그마치 3만 5,000년이 걸렸어요. 그런데 기차가 등장하고 얼마 만에 인류가 달에 갔는지 아나요?

바로 166년이에요. 열매를 따 먹기만 하던 인류가 그것을 땅에 심고 키워 먹기까지 3만 5,000년이 걸렸는데, 땅 위를 달리는 기차에서 우주를 나는 우주선을 만드는 데 고작 166년밖에 걸리지 않은 거예요!

그런데 여기서 우리가 꼭 알아야 할 중요한 한 가지가 있어요. 빠르게 발전하는 이 과학 기술이 지구에 사는 모두에게 혜택을 주지는 않는다는 거예요. 과학 기술이 발달한 몇몇 나라는 스마트 팜 같은 첨단 농장에서 농사를 짓지만, 지구 어딘가에서는 호모 사피엔스 사피엔스가 하던 것처럼 원시적인 방법으로 농사를 짓고 있어요. 또 무인 자동차와 드론이 사람을 태우거나 물건을 실어 나르는 곳이 있는가 하면, 자동차는커녕 수레도 없어 사람이 직접 물을 길어 옮기는 곳도 있지요. 한마디로, 현재 지구는 원시 시대와 첨단 과학 시대가 공존하는 세계예요.

> **스마트 팜은 정보 통신 기술을 농업에 접목해 자동 원격으로 농작물, 과일, 가축 등을 키우는 농장이에요. 스마트폰이나 컴퓨터를 이용해 온도, 습도, 빛의 양을 조절하고 물도 주지요.**

게다가 우리가 빠르게 기술을 발전시키는 동안 환경 파괴와 이상 기후 등 심각한 문제들이 계속 발생했어요. 대기와 물, 토양 등 환경이 오염되었다는 이야기는 더 이상 새로운 이야기가 아니에요.

이는 생태계에도 영향을 미쳤어요. 생물들이 멸종하며 다양성이 감소했고 생태계는 계속 파괴되고 있어요. 사막화, 해수면 상승, 태풍과 홍수, 폭염, 한파 등의 기상 이변이나 신종 전염병 등도 빈번히 발생하고 있고요.

그런데도 인류는 지구의 자원을 빠른 속도로 고갈시키며 발전에 매진하고 있어요. 엄청난 폐기물이 발생해 지구를 뒤덮고 있는데도 말이에요. 그 결과 에너지 자원, 식량 자원, 자연 자원의 고갈로 많은 생명이 고통받고 있어요. 이는 부유한 사람들보다 가난한 사람들에게 더 큰 피해를 주지요.

국제 빈민 구호 단체인 옥스팸에 따르면, 2020년을 기준으로 세계 인구 80억 명 중에서 10퍼센트가 넘는 9억 2,200만 명이 극빈층이고, 하루에 5.50달러 이하로 사는 빈곤층은 40억 명에 육박할 것이라고 해요. 더 심각한 것은 세계의 빈곤 계층이 해마다 매우 빠른 속도로 늘고 있다는 거예요.

좋은 환경에서 많은 혜택을 누리며 살아가는 아이들도 많지만 가난과 질병에 시달리는 아이들도 많다는 말이에요. 여러분이 이 글을 읽는 지금 이 순간에도 어딘가에서 굶주림과 질병으로 인해 비참하게 목숨을 잃는 친구가 있을지도 몰라요.

이것이 우리가 사는 세상의 진짜 모습이에요. 환경 파괴, 자원 고갈, 빈곤……. 살기 좋고, 풍요로워 보이는 지구의 또 다른 모습이지요.

지구에는 과학 기술의 손길이 필요한 사람들이 많아요. 우리에게는 과학과 공학의 힘이 필요해요. 지구를 살리고, 생명을 구하고, 위험으로부터 인간을 지켜 줄 그런 힘이요!

과학 기술은 지구에 사는 모두에게 혜택을 주지는 않아요.

인간을 위한, 평등한 과학 기술

생각해 보세요. 지금까지 우리가 만들어 낸 제품들은 빈곤에 시달리거나 척박한 환경에서 살아가는 사람들을 위한 것이 아니었어요. 냉장고, 히터, 전자레인지, 컴퓨터, 세탁기 등……. 이런 것들은 전기를 마음대로 쓸 수 있고, 언제 어디서든 손쉽게 물을 구할 수 있는 사람들을 위한 것이었지요.

당장 밤이 되면 등잔불을 켜야 하고, 물을 구하기 위해 온종일 먼 거리를 걸어 다녀야 하는 사람들, 빈곤으로 인해 공부도 할 수 없는 아이들에게는 제아무리 좋은 기계나 첨단 제품도 그림의 떡일 거예요. 깜깜한 밤이 되어도 불을 켤 수 없고, 맑은 물을 마시며 깨끗하게 씻을 수조차 없는 사람들에게 이런 것이 과연 무슨 소용이겠어요.

최근 스마트폰과 컴퓨터가 교육 도구로 크게 활용되면서 과학적으로 낙후된 지역 사람들에게 태블릿 피시를 보급한 사례가 있어요. 인도 정부는 35달러짜리 태블릿 피시 '아카시'를 보급하며 제대로 교육받지 못하는 인도 학생들에게 교육 혁명을 불러올 것으로 기대했어요.

하지만 현실은 그렇지 못했어요. 배터리 유지 문제나 터치스크린 사용 문제는 접어 두고라도, 와이파이가 안 되는 지역에서 태블릿 피시가 무슨 소용이 있었겠어요? 이처럼 통신 기술이 발달하지 않은 지역에서는 첨단 기기를 갖다준다고 한들, 제대로 활용하기 어려워요.

이런 사람들에게는 과학자가 아니어도 자원을 최대한 활용할 수 있고, 공학자가 아니어도 사용법을 쉽게 익힐 수 있는 기술이 필요해요. 동시에 환경도 파괴하지 않고 인간들이 병에 걸리거나 배곯지 않게 해 주는 그런 착한 기술 말이에요. 우리는 이러한 기술을 '적정 기술'이라고 부른답니다.

'적정'이란, 알맞고 바르다는 뜻이에요. 예를 들어 용돈이 적정한 수준이라거나 가축을 키우기 적정한 규모의 사육장이라고 할 때 우리는 적정이란 말을 사용해요. 그러니까 적정 기술은 적정한 기술, 즉 조건에 알맞은 기술을 뜻하지요. 비슷한 말로 '적당하다'를 떠올리면 이해하기 쉬울 거예요. 적정 기술은 영어로, 'Appropriate Technology'라고 하는데, 'appropriate'는 적절하고 적당하다는 뜻이랍니다.

앞에서 말한 아카시 태블릿 피시의 사례에서도 알 수 있듯이 과학 기술은 특정 세계의 주변 환경과 조건이 맞아야 쓸모가 있어요. 여기서 조건이 맞아야 한다는 것은 환경적 조건뿐 아니라 문화적 조건, 정치적 조건, 경제적 조건 등이 적합해야 한다는 뜻이에요. 그래야 지속적인 생산과 소비가 가능하거든요. 그렇지 않으면 아무리 좋은 기술이라고 해도 실패할 수밖에 없어요.

중간 기술에서 적정 기술로

　원래 적정 기술은 영국의 경제학자 에른스트 슈마허(1911~1977)에 의해 처음 등장했어요. 슈마허가 1965년 유네스코 회의에서 처음 제시한 '중간 기술'에서 발전한 개념이지요.

　슈마허는 인도의 민족 운동 지도자인 간디의 사상에서 큰 영향을 받았어요. 간디는 서양의 거대한 방직 기계로 대량 생산된 옷이 인도로 들어오자, 그것이 인도의 산업에 부정적인 영향을 준다고 생각했어요. 그래서 전통 도구인 물레를 쓰자고 제안했어요. 아무리 좋은 기술이라도 그 지역 사람들과 균형을 이룰 수 없다면 쓸모없는 기술이 될 수 있다고 생각한 거예요.

　슈마허는 간디의 주장처럼 선진국의 거대 기술을 개발 도상국에 바로 도입해서는 안 된다고 생각했어요. 그래서 자신의 책 『작은 것이 아름답다』에서 '개발 도상국의 토착 기술과 선진국의 자본 집약적인 기술 사이의 간극은 상호 전환이 불가능할 정도로 넓다. 가장 절실하게 도움이 필요한 사람들을 효과적으로 도와주려면 둘 사이의 중간에 있는 기술이 필요하다.'라고 주장했지요.

그 후 시간이 지나면서 적정 기술은 기술의 혜택을 누리지 못하는 사람들을 위한 것으로 바뀌어 갔어요. 과학자나 발명가들은 특정 지역의 문화나 조건, 경제적 상황 등을 고려해 누구나 특별한 훈련 없이 사용할 수 있도록 한 기술을 적정 기술이라고 부르기 시작했지요.

실천적 경제학자이자 환경 운동가로도 왕성하게 활동했던 슈마허는 과학 기술 대부분은 구매력이 있는 10퍼센트를 대상으로 개발되므로, 나머지 90퍼센트에 적합한 기술을 개발해야 한다고 주장했어요.

그러면서 인간의 욕망은 무한하지만, 지구 자원은 정해져 있다는 사실에 주목하라고 경고했어요. 그는 지구 자원은 폭발적으로 늘고 있는 인구와 경제가 요구하는 수요를 충족할 수 없다고 했어요. 결국 자원을 소모한 결과 환경은 오염되고, 인류의 문명은 위기를 맞게 될 것이라고 경종을 울렸지요.

슈마허의 주장은 적정 기술이 개발 도상국에 대한 지원적 측면뿐 아니라 지구촌의 여러 문제를 해결할 지속 가능한 기술이라는 것을 알려 줘요.

적정 기술이 해결할 수 있다고?

　전 세계는 지금 환경 오염과 기후 위기, 에너지 고갈 등으로 인한 다양한 문제에 시달리고 있어요. 산업 혁명이 일어나면서 석탄, 석유, 천연가스 등의 화석 연료를 무작정 너무 많이 사용했기 때문이에요. 화석 연료 속에 있던 탄소가 대기 중에 엄청나게 쏟아져 나오면서 결국 지구 온난화가 일어났지요.

　지구 온난화는 지구 대기에 영향을 주어 기상 재해를 일으켜요. 우리나라도 기상 재해로 인한 피해가 점점 커지고 있어요. 여름철에 잠 못 들게 하는 열대야 현상도 크게 늘었지요. 앞으로 지금까지 겪어 보지 못한 엄청난 규모의 태풍과 폭우 또는 극심한 가뭄과 홍수가 줄지어 일어날지도 몰라요.

　화석 연료의 과도한 사용은 지구 온난화뿐만 아니라 자원을 고갈시켜 세계적인 에너지 부족 문제를 일으켰어요. 대표적인 화석 연료인 석유는 에너지뿐 아니라 우리 생활에 꼭 필요한 다양한 제품을 만드는 원료로도 활용되는 중요한 자원이에요. 무분별한 소비로 석유가 고갈된다면 많은 사람이 고통받을 거예요.

왜 이런 일들이 벌어지는지 우리는 이미 알고 있어요. 그리고 그것을 해결할 방법도 매우 자세히 알고 있지요. 하지만 우리는 그 해결 방법을 제대로 실천하지 않고 있어요. 이 순간에도 물건을 생산하기 위한 공장과, 운송 수단인 자동차들이 화석 연료를 태우며 쉴 새 없이 거리에 탄소를 뿜어 대고 있지요.

사람들이 지구 온난화 문제의 해결 방법을 알면서도 잘 실천하지 못하는 이유는, 기후 위기나 에너지 고갈은 너무나 큰 문제라서 내가 무엇을 실천한다고 해도 해결되지 않을 거라고 생각하기 때문이에요. 나 혼자 노력한다고 해서 세상이 바뀔 것 같지도 않고, 내 노력이 북극곰을 살리거나 바닷물에 잠기고 있는 남태평양 섬을 도울 수 있을 거라고 여기지 않는 거예요. 그렇게 그냥 포기하고, 관심을 끊고 '남들도 다 그러니까.' 하면서 정당화하며 살아가지요.

도저히 해결할 수 없을 것 같은 지구 온난화, 탄소 제로, 에너지 고갈의 문제를 적정 기술로 해결해 보면 어떨까요? 적정 기술은 환경을 파괴하지 않는 기술이니까 어쩌면 적정 기술에 그 답이 있을지도 모르잖아요?

적정 기술의 사례를 살펴보면, 전기를 매우 조금만 사용하거나 화석 연료를 사용하지 않는 기술들이 대부분이에요. 태양광으로 휴대 전화를 충전하거나 태양열로 온풍기와 건조기를 가동하는 것처럼 재생 에너지를 활용하는 기술이 많지요. 이러한 기술은 탄소나 환경 오염 물질을 적게 배출해 지구 온난화를 해결하는 데 도움을 줄 수 있어요.

적정 기술을 이용해 적극적으로 전기를 만들 수도 있어요. 미국 마이크로소프트사의 창업자인 빌 게이츠가 투자한 옴니프로세서는 사람의 배설물을 이용해 전기와 식수를 만들어 내 화제가 되었어요. 인분을 가열하면 수증기가 나오는데 그 수증기를 냉각시키면 깨끗한 식수가 만들어져요. 남은 인분으로 증기를 발생시켜 터빈을 돌리면 전기가 만들어지지요.

　풍선을 이용해 전기를 만드는 적정 기술도 있어요. BAT는 헬륨 가스를 넣은 비행선 모양의 풍력 발전기로, 350미터 상공에 떠서 바람을 이용해 전기를 생산해요. BAT는 공중에 띄우기만 하면 되니까 설치하는 과정에서 환경을 파괴하지 않아요.

　적정 기술을 이용해 기존의 발전소에서 만들어 내는 에너지의 생산량을 줄이면 원자력 발전소의 위험성과 화력 발전소에서 뿜어내는 미세 먼지에서 벗어날 수 있어요.

　원자핵을 분열시켜 에너지를 얻는 원자력 발전은 그 과정에서 방사선이 나와요. 방사선은 생명체의 유전자를 변화시켜 암세포를 유발할 수 있어요. 원자력 에너지는 적은 비용으로 큰 에너지를 만들어 낼 수 있지만, 그만큼 위험한 에너지랍니다.

　이런 이유로 우리는 적정 기술 개발에 더욱 노력해야 해요. 저소득 국가의 국민뿐만 아니라 인류의 미래와 지구에서의 지속 가능한 생존을 위해서도 적정 기술은 반드시 필요하지요.

적정 기술의 필수 조건들

적정 기술에는 몇 가지 조건이 필요해요.

첫째, 큰돈이 들지 않아야 해요. 적정 기술을 사용하는 사람들은 대부분 개발 도상국에서도 저소득층 사람들이에요. 그래서 가격이 비싸면 이용할 수 없어요. 우리 돈으로 얼마 안 되는 돈도 현지인들에게는 몇 달을 벌어야 할 정도로 큰돈일 수 있어요. 비싼 가격은 치명적인 문제가 돼요.

둘째, 제품의 크기가 적당해야 하고, 사용 방법이 간단해야 해요. 적정 기술은 어린이나 노인, 글자를 모르는 사람도 누구나 쉽게 사용할 수 있어야 해요. 제품이 너무 크면 이동이 어렵고, 유지나 수리가 어렵기 때문에 가능하면 작게, 가볍게, 단순하게 만드는 게 좋아요. 또 사용 방법이 복잡하거나, 전문가밖에 수리할 수 없다면 이용하기 어려워요. 특별한 교육을 받지 않고도 바로 사용할 수 있도록 단순하고 직관적이어야 하지요.

셋째, 적정 기술을 사용할 사람들과 그 지역의 환경을 고려해야 해요. 현지에서 쉽게 구할 수 있는 재료를 사용하는지, 자원을 너무 많이 쓰는 것은 아닌지 등을 고려해야 해요.

넷째, 친환경적이어야 해요. 아무리 획기적인 기술이라고 해도 환경을 오염시키면 사용하기 어려워요. 적정 기술은 나무나 화석 연료의 사용을 줄이고 태양, 바람, 물 등의 힘을 이용한 신재생 에너지를 사용하는 것이 중요해요.

다섯째, 지적 재산권이나 컨설팅 비용, 수입 관세 등이 없어야 해요. 그래야 누구나 사용할 수 있을 테니까요.

그리고 마지막으로, 중요한 것이 하나 더 있어요. 현지의 기술과 노동력을 활용하고, 새로운 일자리를 만들어 주는 거예요. 적정 기술은 개인의 삶의 질도 향상시켜야 하지만 해당 지역의 발전에도 기여해야 해요. 그렇기 때문에 '무엇'이 아닌 '무엇을 위해' 개발하는지를 사전에 충분히 고려해야 하지요.

적정 기술 제품을 무료로 나눠 줄 경우, 자칫 잘못하면 해당 지역의 발전을 막고, 그 지역 사람들의 일자리를 잃게 만들 수 있어요. '탐스 슈즈'처럼요. 이 신발은 어려운 사람들을 돕는 좋은 의도로 만들어졌지만 도움이 되기는커녕 오히려 지역의 경제 발전을 막고 일자리를 빼앗은 적정 기술로 평가받아요.

탐스 슈즈가 무슨 적정 기술이냐고 의아해하겠지만, 적정 기술은 꼭 과학 기술만을 뜻하는 것이 아니에요. 탐스 슈즈는 적정 기술의 대표적인 비즈니스 모델이에요. 돈을 낼 능력이 있는 고객에게는 비싼 가격으로 상품을 팔고, 돈을 낼 능력이 없는 가난한 계층에게는 매우 싼 가격으로 상품을 팔았지요.

2006년, 블레이크 마이코스키라는 한 청년이 아르헨티나를 여행하다가 맨발로 축구를 하는 아이들을 보았어요. 그는 상처투성이인 아이들의 발을 보고 신발을 선물하고 싶다고 생각했어요. 그리고 '탐스'라는 신발 회사를 만들었지요.

탐스는 'Shoes for Tomorrow'라는 슬로건 아래, 소비자가 신발 한 켤레를 사면 빈곤국의 어린이에게 신발 한 켤레를 기부하기로 약속했어요. 이런 걸 '코즈 마케팅'이라고 해요.

"One for One! 신발 한 켤레를 사면 한 켤레는 개발 도상국에 기부합니다!"

이 획기적인 마케팅 방법에 사람들이 탐스의 신발을 사기 시작했어요. 신발을 하나 사면 어려운 이웃도 나와 똑같은 신발을 신을 수 있다니, 얼마나 뿌듯한 일이에요? 곧 탐스의 신발은 수천만 켤레가 팔리며 대성공을 거두었어요.

하지만 얼마 후, 신발을 기부한 효과를 조사해 보니, 어린이들의 야외 활동 시간이 조금 늘어난 것 외에 다른 특별한 효과는 없었어요. 오히려 원 포 원 모델이 개발 도상국에 도움을 주기는커녕 해를 끼친다는 비판이 일기 시작했어요.

사람들이 기부받은 신발을 시장에 가져가 팔았기 때문이에요. 해당 지역에서 생산하는 신발보다 품질이 좋은 탐스 슈즈를 싸게 내다 파니까 현지 공장과 회사는 경쟁 상대가 되지 못했고, 결국 망하고 말았어요. 현지 공장과 회사들이 망하자 그 회사와 공장에서 일하던 사람들이 일자리를 잃었지요. 결국 탐스의 신발 기부는 해당 지역의 경공업 발전과 경제 발전에 악영향을 끼치고 말았어요.

비판을 받은 탐스는 2019년 11월, 원 포 원 모델의 폐기를 선언했어요. 그 대신 소비자가 물건을 사면 3달러마다 1달러씩 비영리 단체에 기부하겠다고 했지요.

탐스 슈즈의 사례를 보면, 무조건적인 기부가 좋은 것만은 아니라는 사실을 알 수 있어요. 외부의 개입이 특정 지역에 어떤 영향을 미치는지 충분히 조사하고 예측하지 않으면 도리어 큰 문제가 발생할 수 있지요.

의도가 선하다고 결과가 항상 좋은 것은 아니에요. 탐스 슈즈처럼 실제로 실패하는 적정 기술들이 적지 않아요. 어린이들이 직접 타고 돌리는 회전 놀이 기구에 펌프 기능을 더한 플레이 펌프나 바퀴형 물통인 큐드럼, 휴대용 정수 장치인 생명의 빨대 등도 마찬가지예요.

적정 기술은 조작이 단순하고, 고치기 쉽고, 가격이 저렴해야 해요. 그렇지 않으면 현지 사람들에게 외면받을 수밖에 없어요. 아이디어도 좋아야 하지만, 실제로 사용할 사람들에게 꼭 필요한 것이어야만 하지요.

이제부터 모두를 위해 정말 필요한 적정 기술에 어떤 것들이 있는지 함께 알아볼까요?

적정 기술은 실제로 사용할 사람들에게 <u>꼭 필요한 기술</u>이어야만 해요.

중간 기술은 적정 기술과 어떻게 다를까?

우리 엄마는 중간도 잘하는 거라고 늘 말씀하셨다뀨. 그런데 중간만 하는 것도 쉽지 않다뀨. 적정 기술을 조사하다 보니 중간 기술이라는 게 나오던데, 정확한 의미가 뭐냐뀨?

중간 기술은 첨단 기술과 토속 기술의 중간에 있는 기술입니닷!

적정 기술과 다른 기술이냐뀨?

아닙니닷! 단지 명칭이 바뀐 것입니닷! 중간 기술은 현지 사람들에게 필요한 기술, 해당 지역에서 생산되는 재료를 이용해 비용이 적게 들어가는 기술, 누구나 배우고 쉽게 활용할 수 있는 기술을 말합니닷. 그래서 대안 기술이라고도 합니닷.

그런데 왜 중간 기술을 적정 기술이라고 부르냐뀨?

적정 기술을 중간 기술이라고 부르지 않는 것은 중간이라는 말이 자칫 기술적으로나 지식적으로 우수하지 못하고 중간에 있다는 의미로 들릴까 봐 그런 거라고 합니닷!

내가 본 적정 기술은 전~혀 그렇지 않았다뀨! 대나무 발판 펌프, 팟인팟 쿨러 등 적정 기술은 네 말대로 공동체에 미치는 영향을 고려하면서 적은 자원을 사용하는, 효용이 큰 기술이라뀨. 지금부터 같이 제대로 알아보자뀨!

태양광으로 휴대 전화를 충전하는 적정 기술 제품

2

깨끗한 물을 만들어 내는 착한 기술

지구촌의 물 문제

　사람의 생존에 반드시 필요한 것 중 하나가 물이라는 걸 모르는 사람은 없을 거예요. 물은 마시고 씻고 생활하는 데도 쓰지만 농사를 지을 때나 공장을 돌릴 때, 전기를 만들 때도 사용해요. 물이 부족하면 산업 전체가 멈출 정도로 물은 중요하지요.

　다행히 지구는 물이 풍부한 곳이에요. 70퍼센트가 물로 덮여 있지요. 하지만 사람이 마시고 사용할 수 있는 물은 많지 않아요. 사람이 쓸 수 있는 민물인 담수는 3퍼센트에 불과하거든요.

　더구나 담수는 지구 전체에 골고루 있는 게 아니라 호수, 강, 빙하 등에 모여 있어요. 그래서 비가 조금 내리는 아프리카 같은 지역은 늘 물이 부족해 극심한 불편에 시달리지요.

　물은 무한한 것 같지만, 실제로는 그렇지 않아요. 계절적으로 집중해서 내리는 비는 대부분 바다로 흘러 들어가요. 그래서 비가 내리지 않는 계절에는 가뭄을 겪지요. 가뭄은 굶주림을 가져와요. 전 세계 담수의 60퍼센트 이상이 농사에 사용되고 있어 물이 부족하면 식량도 부족해질 수밖에 없어요.

문제는 물이 점점 더 부족해지고 있다는 거예요. 세계 인구는 빠르게 늘고 있어요. 인구가 늘면 식량도 많이 필요해져 식량을 생산하는 데 물을 많이 써요.

수질 오염 역시 물 부족의 큰 원인이에요. 산업화 과정에서 구리, 납, 수은 같은 중금속 물질들이 공장에서 많이 배출되고 있어요. 중금속 물질은 강물로 흘러 들어가 강을 오염시켜요.

사람들이 배출하는 생활 폐수도 강과 호수를 오염시켜요. 폐수 속에는 인과 질소 같은 화학 물질들이 많아요. 물속에 사는 조류가 인과 질소를 먹고 크게 늘어나면 물이 오염되지요. 우리나라에는 그런 강들이 적지 않아요.

지하수의 오염도 심각한 문제예요. 토양의 농약과 중금속이 지하로 스며들어 지하수까지 오염되고 있어요. 세균이나 바이러스 같은 병원균이 퍼져 마실 수 없는 물이 되기도 하고요. 비가 내리면 오염된 공기 속의 유독 성분이 빗물에 녹아 땅속으로 스며들어 지하수를 오염시키기도 해요.

최근에는 기후 변화가 물 부족을 부추기고 있어요. 지구 온난화로 기온이 지속적으로 상승하면서 폭염과 가뭄으로 고통받는 지역이 늘고 있어요.

기후 변화에 관한 정부 간 협의체인 IPCC의 보고서에 따르면, 지구 기온이 1.5도만 상승해도 전 세계 도시에 사는 인구 중 약 3억 5,000만 명이 물 부족에 시달릴 것이라고 해요.

생존에 필수적인 물이기에 앞으로 물로 인해 고통받는 나라가 늘어날 거예요. 가난한 나라일수록 물 기근에 시달리며 생존에 위협을 느낄 가능성이 커요. 좋은 해결 방법이 없을까요?

일본 시가현의 하리에 마을에서 힌트를 얻을 수 있어요. 주민이 100여 명밖에 안 되는 이 작은 마을에는 신기하게도 상수도와 하수도가 없어요. 대신 2,000년이나 된 '카바타'라고 불리는 수도가 있지요. 마을 사람들은 물을 그저 흘러가게 놔두고, 음식 재료나 그릇을 씻을 수 있는 정도만 고이게 해요. 사용한 물에서 나온 찌꺼기는 잉어가 해결하지요. 이들은 적정 기술이란 말이 만들어지기 전부터 환경과 공존하는 물 관리 시스템을 사용해 온 거예요.

우리도 적정 기술로 물 문제를 해결할 수 있을까요? 물이 없어 고통받는 사람들에게 도움이 될 방법이 있을까요? 지금부터 물 문제를 해결하는 적정 기술의 사례를 함께 알아봐요.

굴러가는 물통 '큐드럼'

　한 사람이 하루 동안 마시고, 씻고, 청소하고, 빨래나 요리 등의 일상생활을 하려면 최소한 50리터의 물이 필요해요. 그런데 아프리카와 서아시아 지역에 사는 사람들은 하루에 물 10리터도 쓰지 못해요. 아프리카에 사는 일부 어린이들은 물을 길어 오기 위해 한 번에 수 킬로미터를 걸어야 해요. 또 어떤 지역의 아이들은 강이 있는 곳까지 가려면 반나절 넘게 걸어야만 하지요.

　먼 거리를 걸어서 강에 도착한다고 하더라도 일이 끝나는 것은 아니에요. 물을 길어 돌아가는 길은 더 험난하기 이를 데 없지요. 물통을 이고 걷다 보면 물을 흘리기 일쑤인 데다 무거운 물통 때문에 걷다가 지치기 때문이에요.

　이런 아이들을 위해 개발된 물통이 있어요. 남아프리카 공화국의 핸드릭스 형제가 1993년에 개발한 '큐드럼'이라는 물통이에요. 데굴데굴 굴러가는 이 물통을 이용하면 최대 50리터의 물을 한 방울도 흘리지 않고 쉽게 나를 수 있어요. 바퀴 굴리듯 끌면 되기 때문에 물통 가득 물을 채워도 큰 힘을 들이지 않고 물을 나를 수 있지요.

큐드럼이 생기고 난 후 사람들은 조금 더 편하게 물을 길어 올 수 있게 되었어요. 큐드럼은 단순해서 사용하는 데 특별한 기술이나 지식도 필요 없지요.

이처럼 적정 기술은 꼭 필요한 것들을 편리하게 쓸 수 있게 하는 고마운 기술이에요.

하지만 획기적인 기술로 여겨지던 큐드럼에도 단점이 있었어요. 큐드럼은 스스로 움직이는 동력을 가진 도구가 아니라서, 사람이 끌고 이동해야 하는데 울퉁불퉁한 비포장도로에서는 끌고 가기가 어려웠어요. 또 큐드럼은 용량이 50리터 정도라서 가족이 함께 물을 쓰려면 여러 번 왕복해야 했지요.

그리고 결정적으로 가격이 비쌌어요. 우리 돈으로는 6만 원 정도지만 아프리카의 가난한 사람들에게는 쉽게 구매하기 힘든 비용이었지요. 바퀴 모양이라 씻기가 어려워 위생적이지 않다는 점도 문제였고요.

지구는 물이 풍부한 곳이에요.
하지만 사람이 마시고 사용할 수 있는 물은 많지 않아요.

생명을 구하는 빨대와 책

　우리나라는 수도꼭지만 틀면 언제든 깨끗한 물을 구할 수 있어요. 하지만 깨끗한 물을 쉽게 구하지 못해 씻는 물과 먹는 물을 따로 사용하는 나라도 있어요.

　더러운 물을 깨끗하게 정수해서 먹으려면 시간이 필요한데, 당장 목이 말라 죽을 것 같다면 기다릴 수가 없을 거예요. 이럴 때 사용할 수 있는 기술이 있어요. 바로 '생명의 빨대'랍니다. 이 빨대는 물을 마법처럼 깨끗하게 만드는 적정 기술이에요.

　생명의 빨대는 오염된 물에 꽂아 바로 사용하는 휴대용 정수기예요. 생명의 빨대를 이용하면 더러운 물에 사는 세균과 해로운 미생물을 98퍼센트 이상 제거할 수 있어요. 게다가 갖고 다니기도 쉬워서 언제든 가볍게 이용할 수 있지요.

　사용 방법도 아주 간단해요. 물속에 생명의 빨대를 넣고 빨기만 하면 돼요. 내부는 크게 세 가지 구조로 돼 있어요. 아주 작은 알갱이까지 걸러 주는 필터와 세균, 박테리아를 없애 주는 필터 그리고 물의 신선도를 높여 주는 활성탄이지요. 우리가 흔히 사용하는 정수기와 매우 흡사하답니다.

하지만 비싼 가격 때문에 지금은 아프리카에 많이 보급되지 않고 있어요. 생명의 빨대는 한 개당 20달러, 우리 돈으로 2만 6,000원 정도예요. 깨끗한 물조차 사 먹지 못하는 아프리카 아이들에게 2만 6,000원은 몇 개월을 벌어야 할 정도로 큰돈이지요.

다른 정수기와 마찬가지로 생명의 빨대도 수명이 있어요. 정수 기능이 다하면 빨대를 사야 해요. 그래서 생명의 빨대는 등산이나 캠핑을 하는 사람들의 비상 도구로 사용되고 있답니다.

생명의 빨대와 비슷한 정수 도구로, '생명의 책'이라고 불리는 '드링커블 북'도 있어요. 이것은 사실 책이 아니라 물을 소독해 주는 필터랍니다.

2008년, 캐나다에서 화학자로서 박사 과정을 이수하던 테레사 단코비치는 수많은 사람이 식수를 구할 수 없어 질병과 사망의 위험에 노출되어 있다는 사실을 알게 되었어요. 그래서 '사람들이 쉽고 빠르게, 그리고 더 저렴하게 깨끗한 물을 얻을 방법이 없을까?' 하고 고민하다가 은 나노 입자로 코팅한 종이 필터를 개발했어요.

이 종이 필터는 대장균, 콜레라균, 장티푸스균 등 유해 박테리아를 99.9퍼센트 제거할 수 있어요. 사용 방법도 매우 간단해요. 양동이에 물을 가득 뜬 다음, 드링커블 북을 한 장 찢어서 물 위에 동동 띄우면 끝이거든요! 한 장으로 무려 100리터의 물을 깨끗하게 만들 수 있답니다.

맑은 물이 올라오는 '행복한 대야'

행복한 대야는 우리나라의 김우식, 최덕수 디자이너가 만든 제품이에요. 연못이나 물 위에 대야를 올려놓고 위에서 아래로 누르면 대야 밑바닥에 장착된 나노 필터가 흙탕물을 걸러 내고 깨끗한 물이 차오를 수 있도록 만들어 주지요.

이 대야는 누굴 위해 만들어진 물건일까요? 바로 물은 구할 수 있지만 마실 수 있을 만큼 깨끗한 물을 구하기 어려운 사람들을 위해 만들어졌답니다.

대야의 디자인은 세숫대야를 닮기도 했고, 어찌 보면 UFO처럼 생긴 것도 같아요. 대야의 바닥에 디자인된 패턴은 지구 대륙의 모양을 연상시키지요. 대야는 물이 가득 차도 절대 아래로 가라앉지 않아요. 대야의 날개 부분에 공기가 들어 있어 물 위에 둥둥 뜨기 때문이에요.

물속에 그저 띄워 두기만 하면 행복한 대야가 물속 박테리아, 기생충, 바이러스 등을 걸러 내요. 또 모자처럼 쓸 수 있어 이동할 때 더욱 편리하답니다.

이슬을 모아 식수를 만드는 '와카워터'

깨끗하지 않더라도 물이 있다면 앞서 소개한 정수 도구들을 사용하면 돼요. 하지만 그마저도 없어 하루에 수십 킬로미터를 걸어야 한다면 어떨까요? 매우 절망적일 거예요.

그런 사람들을 위해 개발된 것이 바로 '와카워터'예요. 와카워터는 멀리서 보면 커다란 나무 같기도 하고 탑 같기도 해요. 그런데 그저 가만히 세워 두면 이슬이 조롱조롱 맺힌답니다. 그게 어떻게 가능하냐고요?

와카워터는 낮과 밤의 기온 차가 심한 아프리카의 기후를 이용한 적정 기술로, 나무틀에 나일론 소재의 그물을 설치해 두면 밤 사이 이슬이 그물에 맺혀 탑 아래로 흘러요. 와카워터 하나만 있으면 하룻밤에 약 100리터 정도의 깨끗한 식수를 모을 수 있어요.

그런데 이름이 왜 와카워터냐고요? 아프리카에서 많이 자라는 '와카'라는 나무를 이용해 만들거든요.

와카워터 하나를 만드는 데 필요한 비용은 약 50만 원 정도예요. 특별한 에너지 없이 물을 얻을 수 있는 이 기술 덕분에 물이 없는 척박한 곳에 사는 사람들에게도 희망이 생겼답니다.

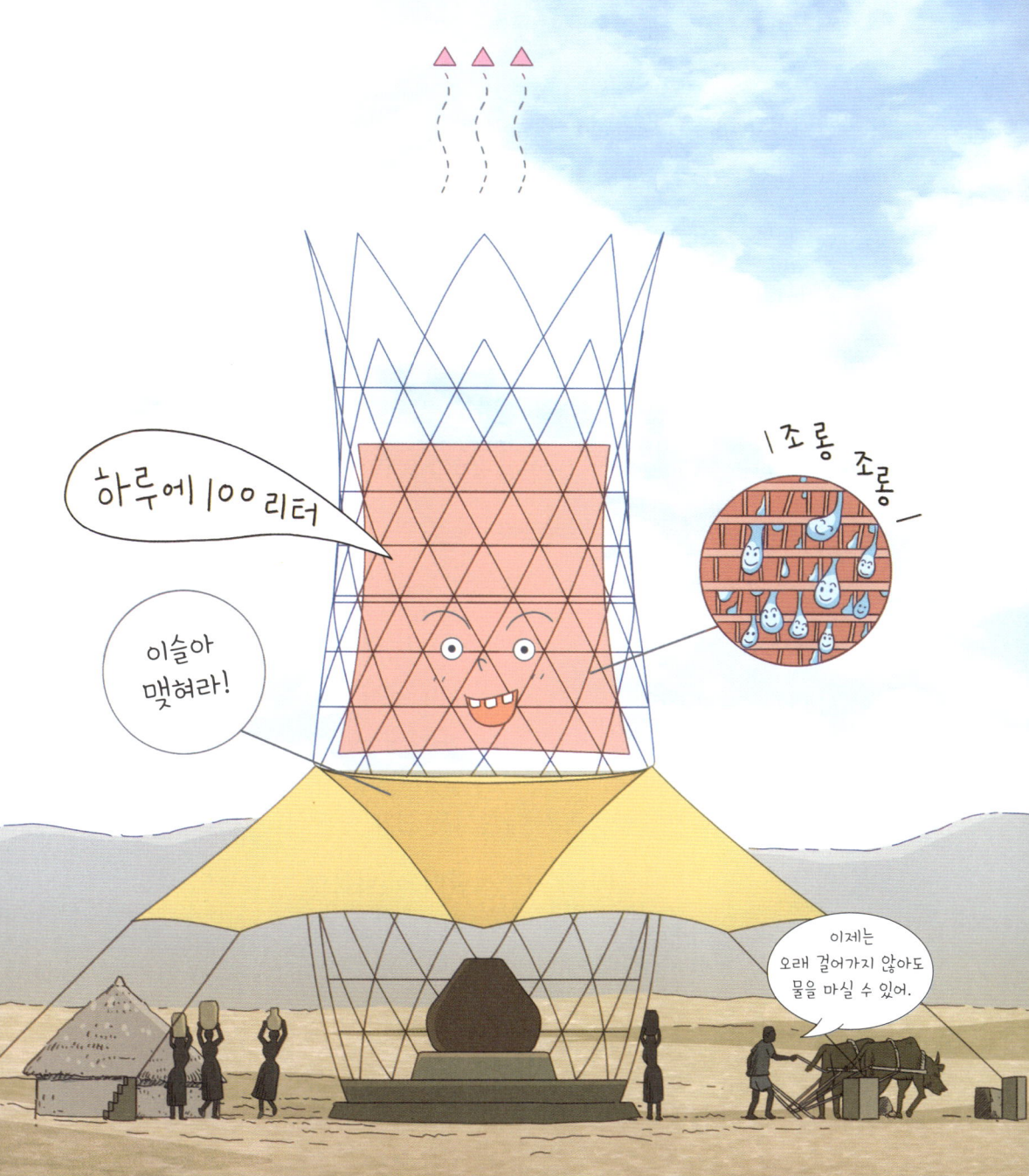

땅속 물을 끌어 올리는 '대나무 발판 펌프'

'대나무 발판 펌프'는 땅속 깊은 곳의 지하수를 위로 올려 주는 기구예요. 이 기술이 개발된 곳은 아프리카 케냐예요. 이곳 사람들은 밭에 물을 대기 위해 먼 곳까지 가서 물을 길어 와 일일이 밭에 뿌렸어요. 온종일 반복해서 일을 하고, 또 해야만 했지요.

수도 시설을 이용해 쉽게 물을 사용할 수 있는 우리나라와 달리 케냐처럼 수도 시설을 제대로 갖추지 못한 나라가 많아요. 수도 시설을 만드는 데 드는 비용을 감당하기 어렵기 때문이에요. 그래서 만들어진 적정 기술이 바로 대나무 발판 펌프예요.

지하에서 물을 퍼 올릴 수 있는 펌프 시설을 갖추려면 전기 시설이 필요해요. 전기를 만들어 내는 발전기가 있다 하더라도 펌프 시설 자체는 철이나 비싼 소재로 만들어야 하기 때문에 저개발 국가의 주민들에게는 부담이 될 수밖에 없어요.

하지만 대나무 발판 펌프는 어디서든 쉽게 구할 수 있는 대나무를 이용해 만들기 때문에 가격이 저렴해요. 덕분에 사람들이 부담 없이 이용할 수 있지요.

이 펌프는 수동식 휴대용 펌프예요. 핸들을 손으로 잡고 펌프에 달린 페달을 밟으면 물이 펌프를 통해 올라와요. 이 펌프를 사용하면 비가 내리지 않는 시기에도 물을 쓸 수 있어 일상생활에 필요한 물뿐 아니라 농사를 짓는 물로도 쓸 수 있어요.

대나무 발판 펌프를 이용하면 7미터 아래에 있는 물도 거뜬히 끌어 올릴 수 있고, 8,000제곱미터 넓이의 밭에 몇 시간 동안 물을 공급할 수 있답니다.

물을 쉽게 줄 수 있으니 농사가 잘되는 건 당연한 일이겠지요. 농작물의 수확량이 늘면 농민들의 수입도 증가할 거예요. 게다가 6개월 정도 사용하면 설치비만큼의 비용을 절약할 수 있다고 하니 일석사조의 효과가 나는 적정 기술이라고 할 수 있겠네요!

놀면서 물을 만들어요, '플레이 펌프'

아프리카 아이들은 물 때문에 학교에 못 가는 경우가 많아요. 물을 길어 오고 나면 어느새 해가 뉘엿뉘엿 저물어서 뛰어놀 시간은커녕 공부할 시간도 없지요. 그런데 플레이 펌프를 이용하면 아이들이 놀이 기구를 타는 것처럼 신나게 놀면서 물도 얻을 수 있어요. 아이들이 플레이 펌프를 빙글빙글 돌릴 때 발생하는 동력을 이용해 지하수를 끌어 올리기 때문에 신나게 돌기만 하면 깨끗한 물을 얻을 수 있지요.

'플레이 펌프 워터 시스템'은 남아프리카 공화국에서 개발한 기술이에요. 이 기술의 목적은 아이들이 물을 구하러 가는 대신 놀이 기구를 타는 것처럼 놀 수 있게 만들어 주는 것이었어요. 아이들은 놀고, 깨끗한 물도 얻는, 두 마리 토끼를 잡는 방법이라고 생각한 것이지요.

계산대로라면 아이들이 한 시간 정도 기구를 타면 약 1,400리터의 물을 끌어 올릴 수 있어요. 이렇게 모은 물은 근처의 워터 타워에 약 2,500리터까지 저장할 수 있지요.

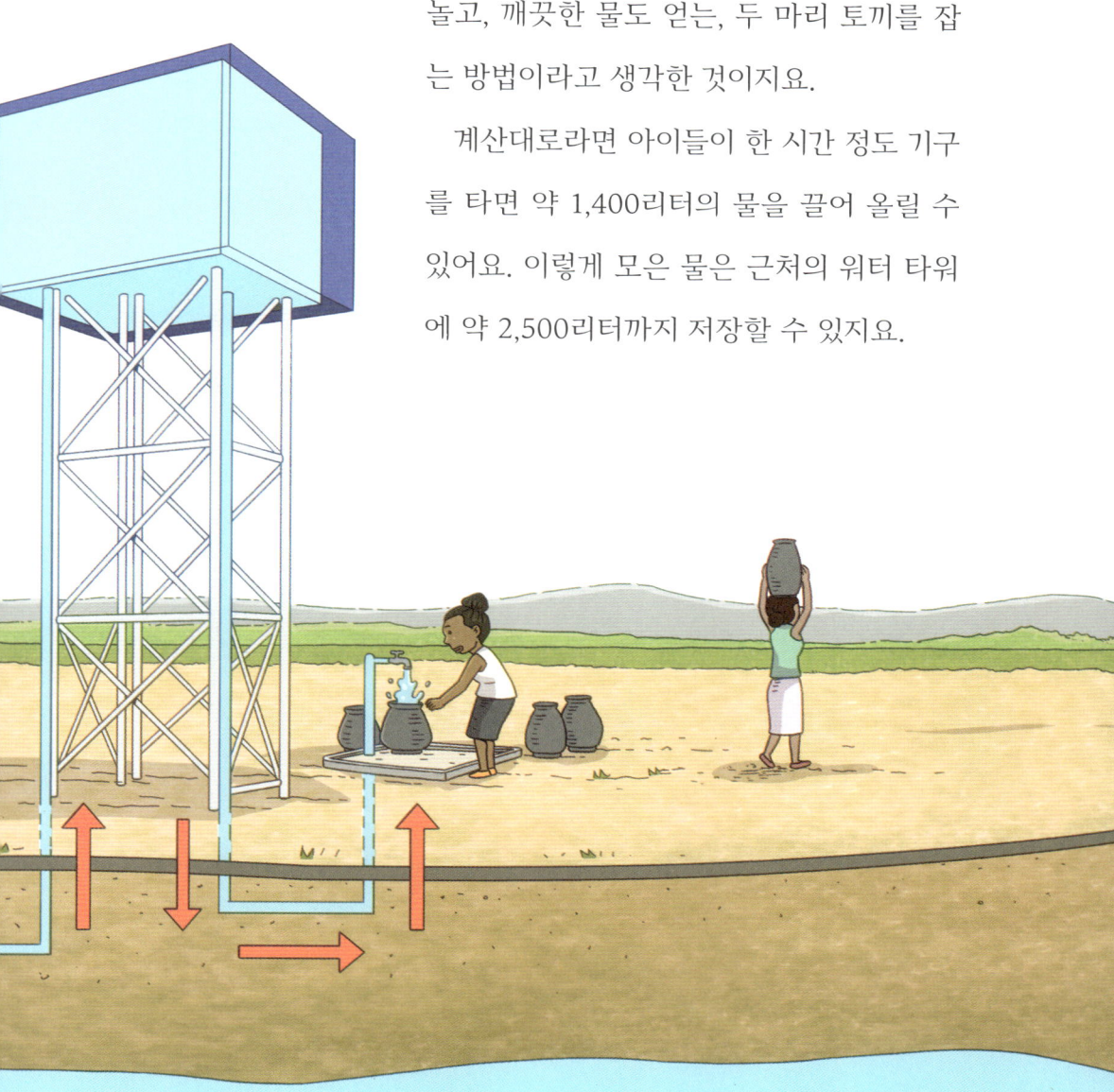

플레이 펌프 하나만 있어도 주민 약 2,500여 명이 깨끗한 물을 마실 수 있었어요. 얼마나 대단한 기술인지 짐작이 가나요? 플레이 펌프가 발명되었을 때 사람들은 '아마 세상에서 가장 착한 놀이 기구가 아닐까 싶어요!'라며 기대감에 부풀었어요.

하지만 플레이 펌프에는 큰 문제가 있었어요. 신나게 노는 것도 하루 이틀이지, 아이들이 새로운 놀이 기구에 싫증을 내기 시작한 거예요. 아이들이 플레이 펌프에서 놀고 싶어 하지 않은 가장 큰 이유는 펌프를 돌리는 데 무척 큰 힘이 들었기 때문이에요.

게다가 아이들이 없을 때는 어른이 이 펌프를 돌려야 하는데 살림도 하고 일도 하느라 바쁜 어른들이 틈을 내서 펌프를 돌리려니 이것도 만만찮게 힘든 일이었지요.

가장 결정적인 문제는 이 펌프가 고장이 잘 난다는 것이었어요. 펌프를 만드는 데 든 돈보다 수리하는 데 드는 돈이 더 컸지 뭐예요. 고장 난 펌프를 고치려면 마을 사람들이 모두 돈을 모아야 했어요. 사람들은 플레이 펌프가 고장 날 때마다 수리비를 감당하는 게 힘들었어요.

　게다가 펌프를 고치는 데도 오랜 시간이 필요했어요. 고장 난 장치를 수리하는 데 적어도 3개월 이상이 걸렸거든요. 결국 사람들은 플레이 펌프를 더 이상 신뢰하지 않게 되었어요.

　플레이 펌프의 사례는 제아무리 좋은 기술이라 하더라도 장치의 효율성이나 사용되는 곳의 사회 문화적 특성을 고려하지 않으면 적정 기술이 될 수 없다는 것을 보여 줘요.

　결국 플레이 펌프 사업은 2010년 가을부터 중단되었어요. 그리고 플레이 펌프를 사용하던 사람들은 물을 구하기 위해 다시 먼 길을 떠나야만 했지요.

환경 탐정 뀨와 공학특공대

이동식 스마트 교실에서 공부하자!

물 때문에 학교에 못 가는 아이들이 있다니 너무 안타깝다뀨. 그럴 때는 학교가 아이들을 찾아가면 좋겠다뀨!

이미 소외된 지역으로 찾아가 교육 격차를 해소하는 이동식 교실이 있습니닷!

뭐? 누가 벌써 만들었냐뀨?

한국과학기술원(KAIST)의 배상민 교수 팀이 SK텔레콤과 함께 모듈형 이동식 컨테이너 스마트 교실인 '박스쿨'을 만들었습니닷. 세계 디자인상을 받은 박스쿨은 태양광 패널과 빗물 정수 시스템이 적용돼 독립적으로 운용할 수 있는 학교입니닷. 컴퓨터, 전자 칠판, 프로젝터, 태블릿 피시 등도 갖추고 있어 소외 지역 아이들도 첨단 교육을 받을 수 있다고 합니닷!

 배상민 교수는 모기 때문에 말라리아에 걸려 사망하는 사람들을 위해 모기를 쫓는 '사운드 스프레이'도 발명했습니닷! 이 스프레이는 모기가 싫어하는 초음파를 이용하는 기술로, 이것을 사용하면 모기에 물릴 확률이 33퍼센트나 줄어든다고 합니닷.

 오! 우리나라에 이런 훌륭한 사람이 있다니 자랑스럽다뀨!

빛을 만드는
마법의 기술

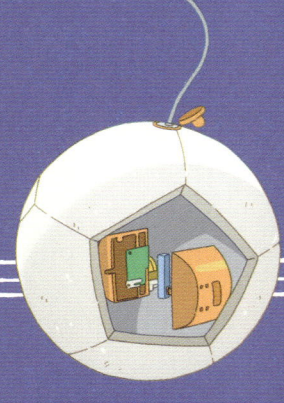

에너지로 희망을 밝혀요!

　에너지가 없는 삶을 상상해 본 적 있나요? 우리는 에너지를 사용해 편리한 생활을 누리고 있어요. 전기를 생각해 보세요. 밤에도 전깃불을 켜서 세상을 환히 밝히고 텔레비전, 에어컨, 오븐도 버튼 하나만 누르면 손쉽게 사용할 수 있어요. 게다가 요즘은 자동차 연료로도 전기를 이용해요. 우리가 늘상 들고 다니는 스마트폰도 전기로 충전하고요.

　전기는 우리 생활에서 빼놓을 수 없는 에너지가 되었어요. 그런데 우리가 이처럼 간편하게 사용하는 전기를 마음 놓고 쓰지 못하는 사람들이 있다는 사실을 알고 있나요?

　국제에너지기구 등에서 2022년에 발표한 에너지 보고서에 따르면, 전 세계 인구 열 명 중 한 명이 전기가 보급되지 않아 사용하지 못한다고 해요. 여전히 7억 명이 넘는 사람들이 전기 없이 생활하고 있는 거예요. 특히 사하라 사막 이남 아프리카 지역에 사는 사람들은 77퍼센트가 전기 없이 살고 있어요. 아직도 촛불이나 석유 램프를 이용해 어두운 밤을 밝히고 있지요.

인간은 에너지 없이 살 수 없어요. 우리가 책상에 앉아 세상에서 일어나는 일들을 한눈에 살피고, 맛있는 음식을 해 먹고, 따뜻하고 시원한 곳에서 쾌적하고 깨끗하게 지낼 수 있는 것도 다 에너지 덕분이에요.

에너지는 개인의 삶뿐만 아니라 경제 활동에 있어서도 필수 요소예요. 생산과 수송 등 산업 전반에서 에너지 보급이 원활하지 않으면 세계에 위기가 닥칠 거예요.

지구의 미래는 에너지에 달려 있다는 말이 있을 정도로 에너지의 중요성은 점점 커지고 있어요. 그러나 기존의 석탄, 석유 같은 화석 연료는 각종 오염 물질과 탄소를 내뿜어 지구 온난화와 환경 오염, 기후 위기를 일으켰어요. 그나마도 고갈될 우려가 있어 시급하게 새로운 에너지를 개발하고, 보급해야 하는 실정이에요.

이때 우리가 주목해야 할 것이 바로 적정 기술이에요. 적정 기술은 지속 가능한 친환경 기술이에요. 에너지 없이 살 수 없는 인간에게 화석 연료가 아닌, 새로운 에너지를 제공하는 대안이 될 수 있지요.

최근에는 국제 정세에 따라 요동치는 에너지 수급 문제와 치솟는 에너지 가격으로 인해 전 세계가 고통받고 있어요. 그런 이유로 과거에는 적정 기술이 저개발국에 주로 필요한 기술로 여겨졌다면 이제는 선진국을 포함한 전 세계에 필요한 기술로 주목받고 있어요.

물론 적정 기술로 모든 에너지 문제를 해결할 수는 없어요. 적정 기술이 사용되는 곳의 환경과 기후를 고려해야 하고, 운영하고 보수하는 것도 쉽지 않지요. 하지만 그 지역과 환경에 매우 잘 맞는 적합한 기술이라면, 그래서 어디서든 쉽게 확보할 수 있는 재료를 사용해 적은 자원으로도 큰 효율을 낼 수 있다면 가장 이상적인 기술이 될 거예요.

반짝이는 아이디어로 에너지를 만들고 삶의 질을 높여 준 적정 기술에는 어떤 것이 있을까요? 전기를 마음대로 쓰지 못하는 사람들을 위해 빛을 만드는 적정 기술을 알아봐요.

페트병 등 '리터 오브 라이트'

　내가 버린 쓰레기나 재활용품을 이용해 손쉽게 빛을 만들 수 있다면 어떨까요? 전기 시설이 없어 밤이면 아무것도 할 수 없는 아프리카 아이들에게 정말 유용할 거예요.

　'전기 없이 어둠을 밝힐 수 있다면 얼마나 좋을까?'

　브라질의 한 자동차 정비 회사 기계공이던 알프레드 모서는 늘 이런 생각을 했어요. 브라질은 전기 시설이 무척 낡은 데다가 발전기가 약해 툭하면 전기를 쓸 수 없는 경우가 생겼거든요.

　그러던 어느 날, 모서가 작업하던 중에 또다시 정전이 되고 말았어요. 몇 시간이고 전기가 들어오기를 기다렸지만 소용없었지요. 모서는 스스로 작업실을 밝힐 등을 만들기로 결심했어요.

　모서는 작업실 천장에 구멍을 뚫었어요. 그리고 빈 음료수 페트병에 물을 채우고 천장 구멍에 끼웠어요. 그러자 바깥에서 내리쬐던 햇빛이 작업실로 들어와 안을 환하게 비추었어요.

　만약 구멍만 뚫고 말았다면 빛이 직진해 구멍 난 부분만 밝게 비추었을 거예요. 하지만 페트병 속의 물이 빛을 분산시키며 사방을 비추었지요.

모서는 페트병을 이용해 마치 전등처럼 밝은 빛을 낼 수 있다는 사실을 깨닫고, 페트병 등을 만들었어요.

'리터 오브 라이트'라고 불리는 이 페트병 등은 설치 방법이 아주 간단해요. 페트병에다가 표백제를 넣고 지붕에다 매달면 끝이에요. 그러면 페트병의 둥근 입구 부분이 볼록 렌즈 역할을 해서 빛을 모아 주고, 물이 빛을 사방으로 넓게 퍼뜨리지요. 표백제는 왜 넣을까요? 물이 썩는 것을 막는 역할을 한답니다.

하지만 이 페트병 등은 햇빛이 있는 낮에만 사용할 수 있었어요. '낮은 햇빛이 있어 환한데 왜 이런 등이 필요하지?'라고 생각할 수 있어요. 아프리카 같은 개발 도상국에서는 창문이 없거나 빛이 들어오지 않는 집에 사는 경우가 많거든요. 지하 작업실처럼 어둡고 캄캄한 생활을 하는 셈이지요. 그런데 모서가 만든 페트병 등 덕분에 전등을 켠 것처럼 집 안을 밝게 만들 수 있게 된 거예요.

그 후 페트병 등은 일락 디아즈라는 필리핀 사회 사업가의 아이디어가 더해져 태양열 전지판과 배터리가 추가되었어요. 덕분에 밤에도 쓸 수 있게 되었지요.

태양열 전지판을 이용하면 햇빛으로 충전해야 한다는 단점도 있어요. 그래도 사람들은 단 몇 시간이라도 깜깜한 밤을 밝힐 수 있다는 사실에 무척 감사했지요. 무엇보다 어디서든 구할 수 있는 페트병과 늘 사용하는 세제 그리고 물만으로도 등을 만들 수 있다니, 정말 놀랍지 않나요?

전기를 만드는 축구공 '소켓 볼'

아프리카의 아이들 상당수는 해가 떠 있는 동안 아주 바빠요. 밤이 되면 깜깜해 아무것도 할 수 없기 때문이지요. 아이들은 낮 동안 물도 길어 와야 하고, 공부도 해야 하고, 밭일도 도와야 했어요. 당연히 마음껏 뛰어놀 시간이 없었지요.

하지만 '소켓 볼'이 만들어지고부터 아이들은 즐겁게 공을 차고 뛰어놀 수 있게 되었어요. 아이들이 일하지 않고 놀아도 어른들은 잔소리하지 않았지요. 왜냐하면 아이들은 놀면서 밤에 쓸 전기를 만드는 중이었거든요.

소켓 볼은 미국의 하버드 대학교에 다니는 여학생 두 명이 개발한 전구예요. 이들은 전기가 없는 마을에 사는 아이들도 마음 놓고 뛰어놀게 하고 싶었어요. 그래서 아이들이 신나게 놀기만 해도 불을 밝힐 수 있는 적정 기술 발명품을 만들었지요.

아이들이 공을 차고 놀기만 해도 전기가 만들어지다니, 어떻게 그게 가능하냐고요?

 소켓 볼 안에는 진동을 감지하는 센서와 하이브리드형(두 개 이상의 요소를 결합한 형태) 발전기가 들어 있어요. 이것들이 공이 움직일 때 생기는 운동 에너지를 전기 에너지로 바꿔 저장해요. 소켓 볼 자체가 충전된 배터리가 되는 거예요.

더욱 놀라운 것은 소켓 볼의 무게나 모양이 보통의 축구공과 똑같다는 거예요. 아이들이 그냥 즐겁게 차고 놀기만 하면 단 30분 만에 LED 전구를 세 시간 동안 쓸 수 있는 에너지가 채워진답니다.

 공을 차며 움직이는 것은 특별한 기술이 없어도 할 수 있는 놀이잖아요. 사람들은 누구나 쉽게 전기 에너지를 만들 수 있는 이 소켓 볼을 완벽한 적정 기술로 꼽았어요. 버락 오바마 미국 전 대통령이 직접 소켓 볼을 차는 광고 모델로 나와서 더욱 화제를 모으기도 했지요.

소켓 볼을 가지고 드리블 중인 오바마 전 미국 대통령

중력을 이용한 전구 '그래비티 라이트'

만약 여러분이 전기가 공급되지 않는 높은 산꼭대기나 넓은 평야에 산다면 어떻게 생활할 것 같나요? 이런 경우라도 시설만 있다면 태양이나 바람, 화석 연료 등을 이용해 전기를 만들 수 있어요. 하지만 세계 여러 빈민국이나 개발 도상국의 경우, 전기를 만들 수 있는 시설을 제대로 갖추지 못한 곳이 많아요.

전기를 만드는 시설 자체가 없다 보니 이런 곳에 사는 사람들은 밤이 되면 촛불이나 등잔불 등을 이용해야 했어요. 아이들이 책을 보거나 공부를 할 때도 마찬가지였지요.

그런데 영국의 디자이너 마틴 리디퍼드와 짐 리브스가 주머니를 걸어 두기만 해도 전기를 만들 수 있는 '그래비티 라이트', 즉 중력 조명을 발명하며 밤에도 불을 환히 밝힐 수 있게 되었어요.

이 조명을 이용하려면 먼저 줄이 달린 모터를 천장에 부착한 뒤, 줄에 가방을 달아야 해요. 그리고 가방에 약 10킬로그램의 돌이나 흙 등을 넣어요.

무거워진 주머니가 서서히 아래로 내려가면서 모터 속의 태엽을 움직여요. 태엽이 계속 움직이면서 주머니는 점점 아래로 내려가요. 주머니가 아래로 내려가는 시간은 약 30분 정도인데, 그동안 태엽이 돌아가면서 전기를 만들어요. 주머니를 아래로 끌어당기는 힘인 중력을 이용해 모터를 발전시켜 전구의 불을 밝히는 거예요.

조명을 더 밝게 하고 싶다면 주머니가 더 세게 움직이도록 하면 돼요. 그만큼 무거운 걸 매달아 두면 되지요. 그러면 밤에도 얼마든지 밝은 빛을 쓸 수 있답니다.

가장 이상적인 기술은
<u>어디서든 쉽게 확보할 수 있는</u>
<u>재료</u>를 사용해 적은 자원으로
큰 효율을 내요.

학교에 가며 빛을 만들어요

전기 에너지를 만들어 내는 적정 기술 중에는 메고 걷기만 해도 빛을 밝힐 수 있는 책가방이 있답니다.

'리퍼포스 스쿨백'이라고 불리는 이 가방의 비밀은 바로 가방에 설치된 태양열 패널과 전등에 있어요. 땅이 넓은 개발 도상국에서는 아이들이 학교에 가기 위해 수십 킬로미터 이상을 걸어야 하는 경우가 많아요. 그래서 아이들이 태양열 패널이 장착된 이 가방을 메고 등하교하는 것만으로도 밤에 불을 밝힐 만큼의 전기를 모을 수 있지요. 가방만 있으면 특별한 노력 없이도 전기 에너지가 생기는 거예요. 아이들은 그저 열심히 학교만 가면 되지요.

이 가방을 만든 곳은 남아프리카 공화국의 사회적 기업인 '레타카'예요. 이 회사는 버려지는 비닐봉지를 재활용해 가방을 만들고 아이들에게 나눠 주었어요. 충전된 리퍼포스 스쿨백은 최대 12시간 정도 불을 밝힐 수 있어요. 가방 덕분에 아이들은 학교를 오가는 동안 전기를 만들고, 어두운 밤에도 공부할 수 있게 되었답니다.

학교에 와서 전기를 받아 가는 친구들도 있어요. '솔라 카우'는 젖소처럼 생긴 태양광 발전기예요. 소의 등 부분에 설치된 태양광 패널로 전기를 만들지요. 아이들은 학교에 오면 솔라 카우의 배 부분에 우유병 모양의 보조 배터리를 꽂아요. 이 배터리를 솔라 밀크라고 해요.

수업하는 동안 솔라 밀크가 충전되면 아이들은 그것을 집으로 가져가 손전등이나 휴대 전화 등에 사용해요. 솔라 카우 덕분에 아이들은 학교에 더 열심히 나오게 되었고 가정마다 전기 충전 비용을 줄일 수 있었어요.

2021년에는 우리나라 공기업인 한국남부발전이 탄자니아 몬듈리 지역에 있는 음바쉬 초등학교 어린이들을 위해 이 솔라 카우를 설치하기도 했지요.

솔라 카우는 미국 시사 주간지인 「타임」지에서 2019년에 100대 최고 발명품으로 선정했을 정도로 우수한 제품이에요. 학교에 가서 공부도 하고 전기도 얻는 셈이니 해당 지역 사람들에게 여러모로 도움이 되겠지요?

환경 탐정 뀨와 공학특공대

적정 기술 노트북은 왜 실패했을까?

10년 전쯤 '어린이 한 명당 한 대의 노트북'이라는 구호로, 저개발 국가의 어린이들에게 노트북을 나눠 주는 적정 기술 운동이 있었다뀨. 지금은 어떻게 됐냐뀨?

미국 매사추세츠 공과 대학교의 니컬러스 네그로폰테 교수가 어린이 교육을 통한 미래 발전을 목표로 시작한 OLPC(One Laptop Per Child) 운동 말이군요. 실패했습니닷.

고기 대신 고기 잡는 법을 가르치며 빈곤의 악순환을 끊는 훌륭한 방법이었는데, 왜 실패했냐뀨?

OLPC 운동은 모두를 위한 공학으로 크게 환영받으며 많은 국가와 세계적인 기업이 참여 의사를 밝혔습니닷. 이 기세로 1억 5,000만 대를 보급하겠다는 목표를 세우고 2012년까지 200만 대를 공급했지만 결국 공급량을 맞추지 못했습니닷!

용두사미 아니냐뀨. 왜 더 많이 보급하지 못한 거냐뀨?

 처음엔 100달러였던 가격이 점점 올라 나중에는 190달러까지 올랐는데 이 비용이 저개발 국가에 큰 부담이 되었답니닷! 또 전문 교육 인력과 노트북 기술을 지원할 인력도 부족해 활용도가 떨어진 데다 전기와 인터넷을 이용하기 어려운 국가에서는 무용지물이었습니닷!

 그래도 가능성을 보여 준 사업이었다뀨. 머지않아 다시 시작하면 좋겠다뀨!

에티오피아 어린이들이 OLPC 운동의 일환으로 주어진 태블릿 피시를 만져 보고 있다.

따뜻하고 시원한 집을 만드는 기술

안전하고 살기 좋은 집이 필요해요!

집은 인간에게 꼭 필요해요. 우리가 머물 수 있는 공간을 제공하고, 비바람 등으로부터 우리를 안전하게 지켜 주지요. 집은 노동의 피곤을 풀고 쉴 수 있는 공간이기도 해요. 사람들은 집에서 잠을 자고 에너지를 충전해 다시 열심히 일하곤 해요. 이처럼 집은 인간이 생활하는 데 없어서는 안 될 기본 요소예요.

하지만 약 80억 명의 세계 인구 중 10억 명에 가까운 사람들이 집이 없어요. 또 가난한 사람들이 모여 사는 거리나 생명과 건강을 위협할 정도로 열악한 주거 환경에서 사는 사람도 많지요. 이들은 대부분 여자와 아이들로, 질병과 범죄, 자연재해의 위험 속에서 문명의 혜택은커녕 안전조차 보장받지 못한 채 하루하루를 살아가고 있어요. 이렇게 집 때문에 어려움을 겪는 이들을 위한 적정 기술은 없을까요?

누구나 쉽게 짓는 '흙 건축'

「아기 돼지 삼 형제」 이야기를 알고 있나요? 이야기 속 셋째 돼지는 튼튼한 집을 짓기 위해 벽돌을 사용했어요. 늑대가 와도 부서지지 않을 튼튼한 집을 지으려면 벽돌이 제격이거든요.

벽돌을 만들려면 보통 뜨거운 가마에 흙을 구워야 해요. 벽돌을 구울 만큼 뜨거운 열을 내려면 많은 나무 땔감이 필요하지요. 하지만 나무나 화석 연료는 쓰는 만큼 비용을 지불해야 하고, 환경 오염도 일으켜요. 그래서 개발된 공법이 바로 '흙 건축'이에요.

흙 건축은 흙을 이용해 집이나 건물을 짓는 건축 방법을 말해요. 흙은 쉽게 구할 수 있는 재료인 데다가 흙을 이용해 집 짓는 방법도 어렵지 않아서 누구나 쉽게 튼튼한 집을 지을 수 있어요. 게다가 흙으로 만든 집은 단열 기능도 뛰어나서 추위도 든든하게 막아 주지요.

이처럼 흙 건축 기술은 큰돈이 들지 않을 뿐 아니라 과정이 복잡하지 않아 짧은 기간에 집을 지을 수 있다는 점에서 대표적인 적정 기술이라고 할 수 있어요.

하지만 흙 건축을 할 때는 조심해야 할 점이 있어요. 흙으로 만든 벽은 일반 벽돌이나 콘크리트와 비교해 강도가 약해서 쉽게 무너지거든요. 게다가 아프리카 같은 곳은 여름에 1년 동안 내릴 비의 70~80퍼센트 이상이 한꺼번에 쏟아져요. 많은 비에 흙으로 만든 집이 자칫 무너질 수 있지요. 실제로 흙 건축 기법으로 집을 지었다가 비가 와서 집이 무너지는 바람에 사람이 다치는 경우도 종종 있었어요.

그래서 생각해 낸 방법이 바로 '블록 프레스(Block Press)'예요. 흙벽돌을 이용하는 방법이지요. 적정 기술 전문가들은 흙으로 벽돌을 만들어서 그것을 하나씩 쌓아 집을 만들었어요.

흙벽돌을 만드는 방법은 간단해요. 흙을 기계 안에 넣고 버튼만 누르면 압축 흙벽돌이 만들어지는데 맑은 날 4~5일 정도 건조하면 사용할 수 있어요. 구워서 만드는 일반 벽돌과 달리 흙벽돌은 압축기를 이용해 굽지 않고도 단단하게 만들 수 있다는 것이 장점이에요.

흙벽돌은 대여섯 명의 작업자가 하루에 400~800개 정도를 만들어 낼 수 있어요. 구워서 만드는 벽돌에 비해 놀라울 정도로 빠르게 벽돌을 만들 수 있지요.

블록 프레스가 개발되면서 아프리카의 콩고나 케냐, 말라위, 탄자니아, 우간다, 잠비아 등에서는 흙벽돌로 손쉽게 집을 지었어요.

저렴한 가격으로 안전한 집을 지을 수 있게 되면서 사람들의 생활도 훨씬 더 안전하고 편안해졌어요. 게다가 집 짓는 데 사용하던 나무도 필요하지 않게 되어 자연도 보호할 수 있지요.

몽골의 겨울도 따뜻하게

유라시아 대륙 중앙부에 위치한 몽골은 1년 중 8개월 이상이 겨울이에요. 겨울이 되면 몽골의 기온은 영하 30~40도까지 내려가요. 그런데 아직도 많은 몽골인이 천막 주택인 '게르'에 살며 이 매서운 추위를 견디고 있어요. 게르에 난로를 설치하지만 그것만으로 추위를 견디기 힘들 뿐만 아니라 연료가 넉넉하지 않아 어려움을 겪지요. 몽골인들이 흔히 연료로 사용하는 갈탄으로 인해 대기가 오염되는 문제도 있고요.

몽골 등 중앙아시아에 위치한 나라들의 난방 문제를 돕기 위해 개발된 난방 보조 장치가 있어요. 바로 '지세이버'예요. 지세이버 기술을 만든 곳은 놀랍게도 우리나라랍니다. 김만갑 교수가 개발한 기술로, 우리나라 최초의 적정 기술이지요.

지세이버는 석탄 난로의 배기구에 연결해 사용하는 장치예요. 열을 보존하는 세라믹 물질이 들어 있어 난로에서 나오는 뜨거운 연기의 열을 축적해 열효율을 높이고 매연은 줄여 줘요. 난로에 부착하기만 하면 연료비와 대기 오염이 주니 아주 유용하게 쓰이고 있지요.

우리나라의 국제 구호 단체인 굿네이버스는 몽골 현지에 공장을 두고 지세이버를 사람들에게 보급했어요. 무상 보급은 아니었지만 기부금 덕분에 저렴한 가격으로 판매할 수 있었지요. 그 결과 연료비의 45퍼센트 이상을 아낄 수 있었고 화석 연료의 사용을 줄여 이산화 탄소의 배출량도 반으로 줄였다고 해요.

게르에 태양광 패널을 설치해 유용하게 사용하기도 해요. 외부에 설치된 태양광 패널과 내부에 둔 배터리를 연결해 에너지를 저장한 뒤, 배터리와 전자 기기를 직접 연결해 전기를 이용하지요. 태양 에너지를 이용해 물을 끓여 난방에 사용하기도 하고요.

이곳저곳으로 흩어져 사는 유목 민족인 몽골인들에게 지세이버와 태양을 이용하는 발전 방식은 유용한 기술이랍니다.

적정 기술로 지은 집은 사람들을 안전하고 편안하게 할 뿐 아니라 자연도 보호해요.

에어컨 없이도 시원하게 '바람잡이 탑'

무더운 여름에는 에어컨을 틀게 되지요. 그런데 에어컨을 가동하는 데 엄청난 전기가 필요하다는 건 다들 알고 있을 거예요. 그래서 여름철이 되면 전력 소모량이 급격하게 늘었다는 뉴스를 심심치 않게 볼 수 있지요.

그나마 에어컨을 틀 수 있는 사람들은 다행이에요. 원할 때 전기를 사용할 수 없는 사람들에게 에어컨은 그림의 떡일 뿐이에요. 선풍기를 쓰면 된다고요? 전기를 쓸 수 없으니 선풍기도 틀 수 없지요. 그런 사람들을 위해 만들어진 것이 있어요. 바로 자연의 힘으로 냉방하는 '바람잡이 탑'이에요.

영국과 호주의 국회 의사당에도 설치되어 있는 바람잡이 탑은 시원한 바람을 건물 안으로 끌어와서 내부의 온도를 낮추는 기술이에요.

지붕 위에 탑을 세우고 바람이 잘 통할 수 있도록 창문 등을 만들기만 하면 되니까 전기 에너지도 필요 없고, 다른 기술도 필요 없어요.

바람잡이 탑은 따뜻한 공기는 위로 올라가고, 찬 공기는 아래로 내려가는 성질을 이용해 만든 적정 기술이에요. 이 기술을 적용하면 에어컨이나 선풍기 없이도 시원한 여름을 보낼 수 있답니다.

재활용품으로 지은 학교 '페트병 학교'

플라스틱은 처음 발명되었을 때 사람들에게 크게 환영받았어요. 하지만 지금은 지구를 위협하는 쓰레기로 변했어요. 사람들이 너무 많은 플라스틱을 만들고, 마구 버렸기 때문이에요. 그 결과 바다에는 우리나라 면적의 열여섯 배가 넘는 플라스틱 쓰레기 섬이 떠다니고, 지구 곳곳이 플라스틱으로 넘쳐 나고 있어요. 썩지 않는 플라스틱은 우리가 직접 수거하지 않으면 해결할 방법이 없어요.

이런 플라스틱을 모아 건물을 짓는다면 어떨까요? 미국의 비영리 단체인 '허그 잇 포워드'는 과테말라에서 벽돌이나 시멘트 대신 페트병을 쌓아 학교를 지었어요. 약 6,200개의 페트병이면 교실이 두 개인 학교를 만들 수 있지요.

페트병을 이용해 건물을 지으려면 페트병 속에 썩지 않는 비닐이나 플라스틱 같은 무기물 쓰레기를 가득 채워야 해요. 그래야 페트병이 묵직해져 벽돌과 같은 역할을 할 수 있거든요.

아무 곳에나 방치되어 있던 썩지 않는 무기물 쓰레기들을 이용하니 마을도 더 깨끗해졌겠지요?

　페트병 학교가 완성되자 아이들은 편안하게 공부할 수 있게 되었어요. 또 버려진 쓰레기를 재활용해 마을의 쓰레기를 줄이는 효과도 가져왔지요.

　이처럼 적정 기술을 적용하면 흙, 플라스틱 등 그 지역에서 구하기 쉬운 재료를 이용해 저렴하고 빠르게 건물을 지을 수 있어요. 가난으로 인해 다양한 혜택을 누리지 못하는 사람들의 보금자리를 만들어 주며 삶의 질도 높여 주지요.

환경 탐정 뀨와 공학특공대

적정 기술로 건축계 노벨상을 받았다고?

'부르키나파소'라는 나라에 대해 아냐뀨? 아프리카에서 가장 가난한 나라로 알려진 이 나라의 원주민이 건축계의 노벨상이라고 불리는 프리츠커 건축상을 받았다뀨! 상상 초월!

프리츠커상이 생기고 처음으로 수상한 흑인이자 진흙으로 세상을 바꾼 '프란시스 케레' 말이군요.

맞다뀨! 벽돌도 없어 진흙으로 집을 짓는 가난한 나라의 원주민이 어떤 건물을 지었기에 상을 받은 거냐뀨?

진흙에 시멘트 등을 섞어 강화 벽돌을 만들고, 값싼 금속 막대로 얇은 강철 지붕을 들어 올리게 했습니닷.

엥? 엄청나게 더운 아프리카에서 강철 지붕? 사람들이 열사병이라도 걸리면 누가 책임지냐뀨?

 그래서 자연 환기 기술을 활용했답니닷. 항아리를 지붕에 얹어 환기구를 만들고 유칼립투스 나무로 학교 벽을 만들어, 학생들이 시원한 나무 그늘에서 쉴 수 있게 했습니닷. 그러니까 냉방 장치에 의존하지 않고 기존 재료를 활용해 최대한 실내 온도를 낮춘 것입니닷! 케레 덕에 마을 사람들도 진흙으로 건물 짓는 법을 배워 다른 마을의 건물을 지어 주며 돈도 벌었답니닷.

 멋지다뀨! 정말 멋진 적정 기술이라뀨!

부자라고 해서 물질을 낭비해선 안 되고, 가난하다고 해서 더 좋은 품질을 만들기 위해 노력하지 않으면 안 됩니다. 좋은 품질, 고급스러움, 편안함을 누릴 자격은 누구에게나 있습니다.

프란시스 케레

5
지구를 구하는 생활 도구들

누구나 사용할 수 있는 도구를 위해

지금까지 우리는 특별한 기술이나 대단한 재료 없이 필요한 곳에 깨끗한 물을 제공하고, 친환경적으로 전기를 만들어 어둠을 밝히고, 주변에서 흔히 구할 수 있는 재료로 집을 지을 수 있는 적정 기술 사례들을 살펴보았어요.

사람이 살아가는 데 꼭 필요한 물, 에너지, 집도 중요하지만 좀 더 나은 삶을 살기 위해서는 도구도 필요해요. 사소한 도구지만 그 덕분에 불편한 생활이 개선되고 삶의 질이 향상되어 더 편한 삶을 살 수 있으니까요.

아직도 평범한 도구조차 마음껏 사용하지 못하는 사람들이 존재해요. 음식을 보관하거나 요리하거나 빨래할 때 필요한 일상적인 도구조차 말이에요.

적정 기술로 누구나 사용할 수 있는 도구를 만들 수 있어요. 물론 도구를 개발할 때도 그 도구를 사용하는 사람들의 상황과 처지를 충분히 고려해야 해요. 사용법이 어렵거나 비용이 비싸면 외면당할 테니까요.

지금부터 누구나 사용할 수 있는 착한 도구들을 알아볼까요?

전기가 필요 없는 냉장고 '팟인팟 쿨러'

전기만 있다면 냉장고, 레인지, 세탁기, 컴퓨터 등의 도구들을 활용해 더욱 편리하게 생활할 수 있어요. 하지만 전기를 쉽게 이용하기 어려운 사람들에게 이런 도구들은 쓸모가 없어요.

음식을 보관하는 데 어려움을 겪거나 요리, 빨래 등의 집안일을 할 때 오랜 시간과 힘을 들이다 보면 삶의 질이 자연히 낮아질 수밖에 없어요. 그래서 적정 기술을 연구하는 사람들은 전기도 필요 없고 큰돈도 들지 않는 냉장고나 조리 도구를 만드는 방법을 연구하고 있어요. 예를 들면 '팟인팟 쿨러' 같은 것이지요.

팟인팟 쿨러는 전기가 필요 없는 냉장고로, 단지 진흙과 모래만 있으면 돼요. 만드는 방법도 아주 간단해요. 우선 진흙을 구워 작은 항아리와 큰 항아리를 만들어요. 이때 작은 항아리가 큰 항아리 안에 들어가고도 공간이 남을 정도의 크기여야 해요.

자, 이제 큰 항아리 바닥에 작은 구멍을 뚫고 작은 항아리를 큰 항아리 안에 넣은 뒤, 가장자리 틈새를 모래로 채워요. 그런 다음 모래에 물을 부어 주는 거예요.

모래에 부은 물이 마르면서 모래의 열을 빼앗으면 항아리 안이 시원해져요. 이 원리를 이용해 작은 항아리 속에 채소나 과일을 넣고 오랜 시간 보관할 수 있어요. 단순하지만 과학적이지요?

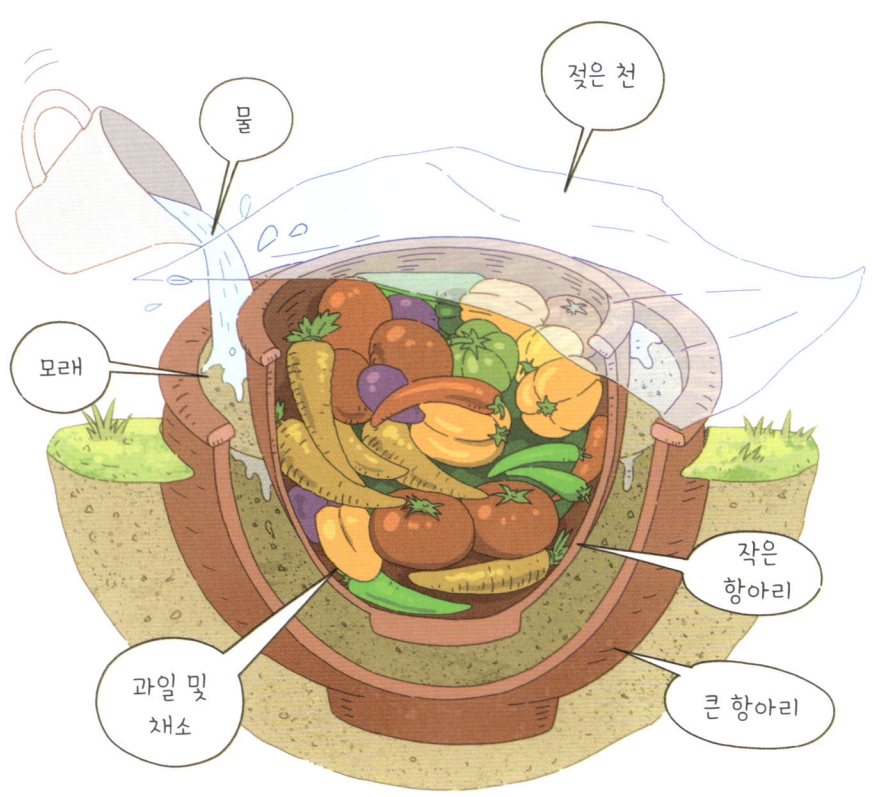

실제로 하루 이틀이면 상할 것도 팟인팟 쿨러에 저장해 두면 3주까지 싱싱하게 보관할 수 있어요. 당근도 20일 정도 보관할 수 있다고 해요.

팟인팟 쿨러는 단순히 음식을 신선하게 유지해 주는 장점만 있는 것이 아니에요. 들나물이나 과일을 오래 저장할 수 있게 된 덕분에 농민들은 그것들을 시장에 가서 판매할 수 있게 되었고, 그날 다 못 팔더라도 다음 날 판매할 수 있었어요. 또 여러 날 음식을 보관할 수 있게 된 덕분에 다양한 음식을 골고루 먹을 수 있게 되었지요.

사실 이 팟인팟 쿨러는 기원전 2,500년부터 이집트에서 사용했다는 저장용 항아리 '지르'에서 아이디어를 따온 것이랍니다. 고대 과학자들이 얼마나 지혜로웠는지 새삼 깨달을 수 있어요.

적정 기술은 단순하지만
과학적으로 만들어져요.

요리를 위한 특별한 도구들

우리는 요리할 때 가스레인지나 전기 레인지를 사용해요. 캠핑하는 경우나 야외에서 음식을 만들어야 하는 특별한 경우, 땔감이나 숯을 사용하기도 하지만 대부분은 손쉽게 열을 가해 요리할 수 있는 도구를 사용하지요.

우리나라 사람들에게는 낯선 이야기처럼 들리겠지만, 세계보건기구(WHO)에 따르면 2019년에도 전 세계적으로 30억 명에 가까운 사람들이 여전히 석탄이나 나무 등으로 난방하고 음식을 만든다고 해요.

최근 전 지구적으로 에너지 수급 문제가 심각해지면서 수많은 개발 도상국이 전기와 가스, 기름 등 연료 부족에 허덕이고 있어요. 이런 이유로 아직도 음식을 먹기 위해 특별한 도구 없이 원시적인 방법으로 불을 때서 요리하는 사람들이 많아요.

하지만 땔감을 태우는 과정에서 발생하는 연기에는 유독 가스가 들어 있어 호흡기에 좋지 않아요. 연기를 많이 마시면 건강을 해칠 수 있지요.

더구나 나무를 땔감으로 사용하면 대기 오염이 심각해져요. 미국 보건영향연구소의 보고서에 따르면, 대기 오염으로 어린이들이 입는 피해가 심각하다고 해요.

오염에 노출된 어린이들은 태어나기 전은 물론이고 태어난 후에도 고통을 겪어요. 미숙아나 저체중아로 태어날 수 있고 신생아 때 사망하는 경우도 적지 않지요.

이런 사람들을 위해 열효율을 높여 요리 시간을 줄여 주는 도구가 있어요. 바로 '쿡스토브'예요.

쿡스토브는 기존의 화로보다 에너지 효율을 높인 조리 기구로, 작물을 발효시켜 만든 바이오에탄올이나 폐식용유 등을 연료로 사용해요. 현지 상황에 맞춰서 나무를 사용한다면, 나무의 소비량을 대폭 줄일 수 있게 했지요. 전기가 공급되지 않는 산간 지역이나 농촌에 쿡스토브를 배포하면 나무 사용을 줄일 수 있어 탄소 배출량도 줄일 수 있을 거예요.

쿡스토브는 기존의 전통 화로와 비교하면, 연료 소모를 60퍼센트까지 줄여 주고, 조리 시간도 절반으로 단축해 주는 친환경 제품이랍니다.

많은 피해에도 불구하고 여전히 많은 나라에서 땔감을 이용해 요리해요. 매 끼니때마다 불을 피우면 앞서 말한 대로 연기도 많이 나지만 땔감을 구하러 다니는 시간도 엄청나요. 또 땔감으로 쓰기 위해 나무를 베어야 해서 자연이 파괴되고 산림이 훼손되기도 하고요. 이러한 문제를 해결할 방법을 찾다가 발견한 것이 바로 '사탕수수 숯'이에요.

사탕수수 숯은 사탕수수 부산물을 태워 그 가루를 카사바 같은 다른 나무와 섞어 만드는 것으로, 나무를 직접 태우는 것에 비해 연기를 적게 내고, 화력이 충분해요. 게다가 숯의 재료인 사탕수수는 값이 매우 싼 편인 데다가 주변에서 쉽게 구할 수 있어요. 아프리카에서는 사탕수수를 많이 재배하거든요.

사실 농민들은 사탕수수에서 설탕을 추출하고 난 뒤 남은 사탕수수 줄기를 어떻게 해야 할지 고민이 많았어요. 사료로도 쓸 수 없어서 모두 태워 버려야만 했거든요. 그런데 이 골칫덩어리 사탕수수 줄기를 연료로 쓸 수 있다니, 쓰레기를 처리하면서 에너지를 만들어 내는 착한 적정 기술의 사례라고 할 수 있어요.

쿡스토브 같은 도구나 사탕수수 같은 재료를 구할 수 있다면 그나마 다행이에요. 땔감조차 구하기 어려운 사람들도 있거든요. 일부 개발 도상국의 경우, 나무를 무분별하게 잘라 나뭇가지조차 구하기 힘들다고 해요. 또 풀만 무성한 초원에 사는 사람들도 나무를 구하기 힘들지요.

그래서 나무 땔감을 구하려고 수 킬로미터에서 수십 킬로미터까지 걷는다고 해요. 땔감을 구하는 일은 주로 여성이나 어린이가 하는데 한 번에 가져올 수 있는 땔감의 양이 많지 않아 노동력과 시간이 더 많이 들지요.

이처럼 연료나 땔감이 부족해 음식을 익히지 못하는 사람들을 위한 도구가 있어요. 바로 생물 소화조를 이용하는 '바이오가스 레인지'와 태양광을 이용하는 '솔라 쿠커'예요.

> 소화조는 폐수나 분뇨 같은 오염된 물질을 깨끗하게 하는 큰 통이에요. 생물 소화조는 유기 폐기물(동물 거름)을 요리, 난방, 발전 등에 쓸 수 있는 바이오가스로 변환하는 소화조예요.

바이오가스 레인지를 이용하려면 화로처럼 생긴 통에다가 소나 돼지, 닭 등의 배설물을 집어넣어야 해요. 그러면 끝이지요. 그 속에서 바이오가스가 만들어지면 그 가스를 이용해 레인지의 불을 켤 수 있어요.

동물들의 똥도 치우고, 연료를 얻어 가스레인지도 사용할 수 있으니 그야말로 도랑 치고 가재 잡는 기술 맞지요?

솔라 쿠커는 태양광, 즉 햇빛을 이용해 음식을 만드는 도구로, 원리는 매우 단순해요. 돋보기로 햇빛을 모아 불을 붙이듯, 햇빛을 반사하는 반사판을 이용해 빛을 특정한 부분에 집중시키는 거예요. 여기서 말하는 특정한 부분이라면 조리 공간이겠지요?

반사판은 반사율이 높을수록 좋아요. 빛이 모이는 공간은 반사가 되지 않도록 광택이 없는 검은색 소재를 사용해 빛을 흡수해야 열에너지가 더 커져요. 60도 정도만 되어도 음식을 조리할 수 있는데, 햇빛이 좋은 날에는 최고 400도까지 온도가 올라갈 정도로 열효율이 높답니다.

솔라 쿠커를 이용하면 태양이 비치는 낮 동안은 얼마든지 에너지를 얻을 수 있어 땔감을 구할 필요가 없어요. 땔감에서 매캐한 연기가 나오지 않아 환경과 함께 건강도 지킬 수 있지요.

사용 방법이 매우 간단해 요리 시간을 아낄 수 있는 데다, 연료를 구하려고 나무를 베거나 지푸라기를 주우러 다니지 않아도 되어 그 시간에 공부나 집안일을 할 수 있어요.
　이처럼 환경도 지키고 사용자의 건강과 편리함도 생각하는 기술이 바로 적정 기술이랍니다.

발로 돌리는 세탁기 '기라도라'

우리는 세탁에서 건조까지 단 몇 시간이면 끝마칠 수 있는 환경에서 살고 있어요. 하지만 수도 시설이 제대로 만들어져 있지 않은 곳에서는 아직도 빨래할 때마다 냇가나 강을 찾아야 해요. 이런 곳에서는 빨래나 물을 길어 오는 일은 주로 여자들이나 아이들의 몫이에요. 실제로 네팔의 열악한 농촌 지역에서는 빨래하기 위해 매일같이 두 시간 이상을 걸어야 하는 경우도 있어요. 그나마 빨랫감을 들고 갈 때는 가볍지만 세탁을 마친 후 젖은 빨래를 들고 오는 일은 무척 힘들지요.

이렇게 전기나 수도 시설이 부족한 저개발국 주민들을 위해 제작된 휴대용 세탁기가 있어요. 바로 '기라도라'예요.

기라도라는 미국의 아트 디자인 대학에서 공부하던 알렉스 카부녹과 유지아가 만든 것으로, 페루의 여성들이 빨래하는 데 대여섯 시간씩 걸리는 것을 보고 만든 제품이에요.

기라도라는 전기 없이 오로지 사람의 힘으로 발생하는 운동 에너지로 구동되는 세계 최초의 수동 세탁기예요. 페달을 밟으면 원통이 회전하며 빨래를 할 수 있지요.

기라도라를 쓰면 세탁 시간을 줄일 수 있고, 빨래에 필요한 물도 아낄 수 있답니다. 사람들이 노동에 쓰는 힘과 시간을 모두 절약해 주지요.

안전하게 아기를 낳아요, '잰마키트'

우리나라에서는 보통 임산부가 아기를 낳을 때 병원에 가요. 하지만 아프리카나 개발 도상국에서는 대부분 아기를 집에서 낳아요. 위생적이지 못한 환경에서 아기를 낳으면 산모나 아기 모두 치명적인 위험에 노출될 수밖에 없어요. 청결하지 못한 출산 환경에서는 쉽게 감염될 수 있거든요.

인도의 의료 전문가인 주바이다 바이 역시 비위생적인 환경에서 아기를 낳다가 감염이 되어 1년 넘게 고생했어요. 그래서 출산 환경을 개선해 임산부들을 살려 보기로 마음먹고 '잰마키트'를 만들었지요.

잰마키트 속에는 출산에 꼭 필요한 도구들과 함께 세계보건기구가 지정한 출산 지침서가 들어 있어요. 이 지침서에는 아이를 받는 조산사는 손을 깨끗하게 유지해야 한다는 주의사항과 함께 메스, 면봉, 코드 타이, 수건 등 출산에 필요한 도구의 청결성을 강조하는 내용이 담겨 있어요.

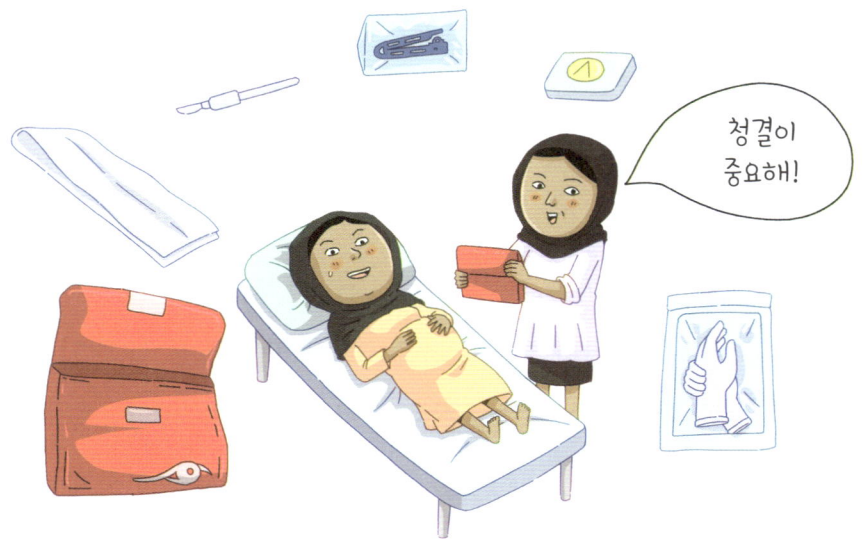

　조산사는 잰마키트 속에 든 시트, 수술용 메스, 탯줄 집게, 비누, 장갑 한 쌍과 천 등을 이용해 위생적인 환경에서 아이를 받을 수 있어요. 실제로 잰마키트 속 출산 도구를 이용하면서 감염으로 죽는 임산부나 아기의 수가 눈에 띄게 줄었다고 해요.

　이러한 적정 기술 도구는 개발 도상국 사람 중에서도 특히 취약한 환경에 있는 여성이나 어린이에게 큰 도움이 될 수 있어요. 적은 비용으로 만들고, 사용 방법이 간단해 특정 분야의 지식이 없어도 이용할 수 있지요.

공학으로 만드는 지속 가능한 지구

지금까지 사람과 환경을 위하는 다양한 적정 기술 제품들을 만나 보았어요. 이처럼 적정 기술은 문명의 혜택을 충분히 누리지 못하는 사람들도 인간으로서 기본적인 것들을 누릴 수 있게 하고, 삶을 더 윤택하고 편리하게 만들어 줘요. 그뿐인가요? 이상 기후와 에너지 고갈로 고통받고 있는 지구가 지속 가능할 수 있도록 새로운 방향을 제시하지요. 세상 모든 사람이 편리하고 안전하게 지구에서 살아갈 수 있도록 돕는 꼭 필요한 기술인 셈이에요.

세상은 갈수록 빠르게 변화하고 있어요. 첨단 과학과 기술 덕분이에요. 공상 과학 영화에서나 보아 왔던 자율 주행차, 인공 지능, 증강 현실, 가상 현실의 세계가 실현된 메타버스까지 등장했지요.

우리가 일상적으로 사용하는 각종 전자 제품에 적용된 첨단 기술은 공학의 결정체예요. 공학은 잇따라 첨단 제품을 내놓으며 사람들의 삶의 질을 향상시켰어요. 노동에 빼앗기는 시간을 줄여 주고, 삶을 여유롭고 자유롭게 만들어 주었지요. 첨단 공학 기술이 발달할수록 인간의 복지 수준은 더욱 좋아질 거예요.

하지만 모두가 같은 혜택을 누리는 것은 아니에요. 같은 시대에 살고 있다고 해서 모두 첨단 공학 기술을 누리는 것은 아니거든요. 누군가에게는 전혀 해당이 안 되는 혜택이지요.

첨단 공학 기술을 누릴 수 있는 고소득 국가의 사람들은 중간 소득 국가나 저소득 국가의 사람들이 어떻게 생활하는지 자세히 알지 못해요.

> 가상 현실은 실제로 경험할 수 없는 세상을 인공적으로 만들어 마치 진짜처럼 느끼도록 하는 기술이에요. 고글이나 장갑, 헤드폰 등 여러 장치를 사용해 화면 속 세상을 체험할 수 있어요.
> 증강 현실은 현실에 새로운 정보를 덧대 만드는 기술이에요. 특정 건물을 스마트폰으로 찍으면 그 건물의 각 층에 무엇이 있는지 화면에 보여 주는 것처럼요.
> 메타버스는 삼차원의 가상 세계를 뜻해요. 아바타를 이용해 실제 현실처럼 사회적, 경제적, 문화적 활동 등을 할 수 있는 온라인 공간이에요.

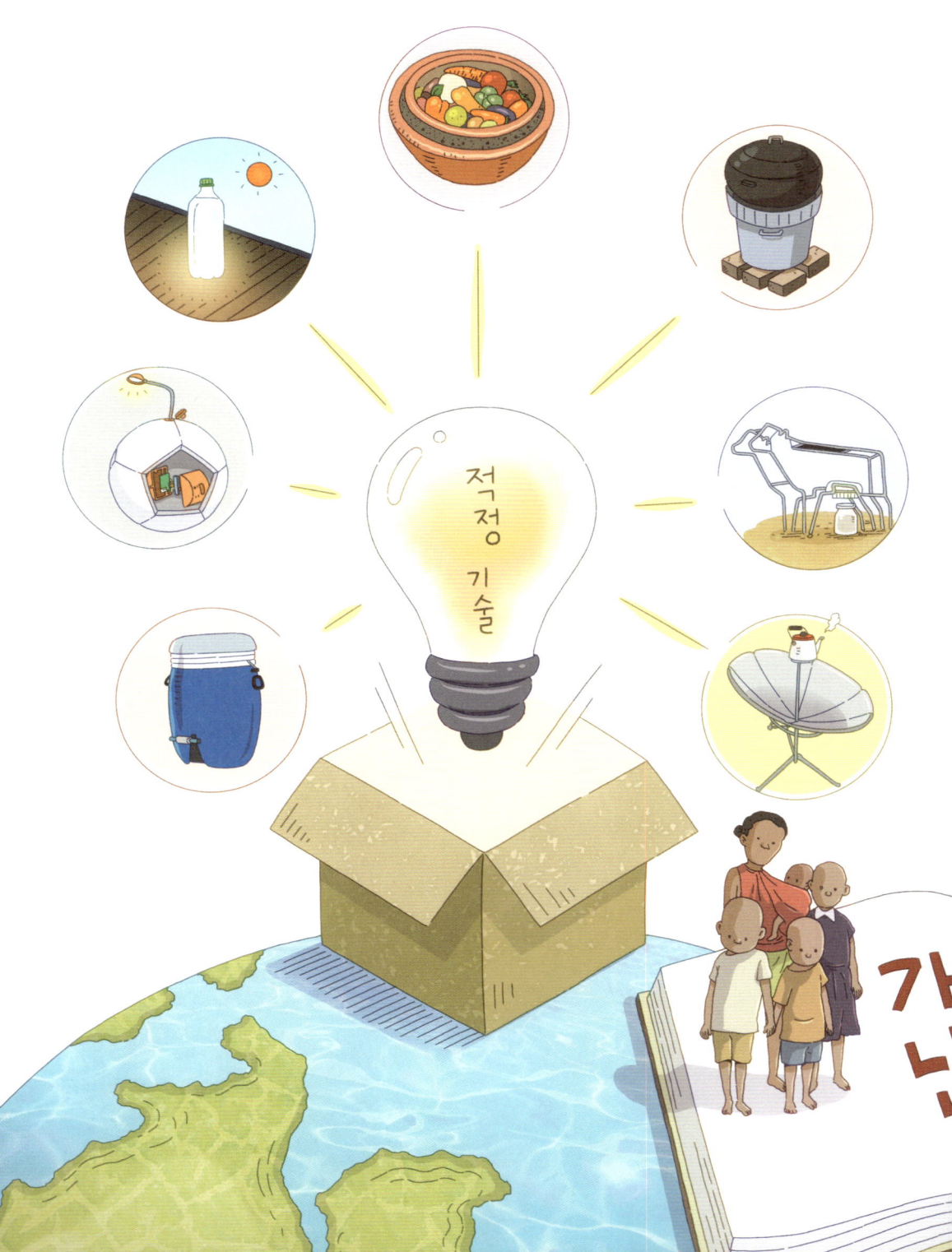

세계 인구 80억 명 가운데 상당수는 아직도 첨단 기술을 전혀 누리지 못해요. 선사 시대에 그랬던 것처럼, 요리하려고 불을 피우다가 화상을 입거나 호흡기 건강을 해치기도 하지요. 그들은 여전히 수천 년 전의 원시적인 삶을 그대로 살고 있어요.

그들의 지능이 떨어지거나 능력이 부족해서일까요? 아니에요. 바로 가난 때문이에요. 한쪽에서 첨단 기술이 아무리 발전한다고 한들, 그 기술을 사용할 수 없는 환경이라면 삶의 질이나 생활 수준이 나아질 수 없겠지요. 여기서 공학은 어떤 역할을 해야 할까요?

하루가 다르게 발전하는 세상에서 전기가 필요 없는 냉장고, 간단한 원리의 정수기, 대나무로 만든 펌프, 표백제를 넣은 페트병 등 같은 적정 기술은 세계적인 흐름과 전혀 반대로 움직이는 것처럼 보일지도 몰라요. 어떻게 보면 무인도에서나 필요한 기술 같지요. 스마트폰과 컴퓨터 같은 첨단 기술을 일상적으로 누리는 우리의 눈에 적정 기술은 어쩌면 보잘것없고 무척 단순한 기술처럼 보일 수 있어요.

하지만 공학의 목적은 인간의 삶의 질을 향상시켜 주는 것이잖아요? 첨단 기술을 발전시켜 삶의 질을 올리는 것도 중요하지만 가난 때문에 어쩔 수 없이 원시적인 생활에 머물러 있는 사람들의 삶의 질도 향상되어야 해요. 이와 함께 환경 오염과 기후 위기 속에서 더 나은 지구의 내일을 만드는 것도 공학이 해내야 할 몫이지요. 그래서 적정 기술은 첨단 기술만큼이나 꼭 필요하며 중요한 기술이라고 할 수 있어요.

평소 불편하다고 생각했던 상황이나 물건이 있었나요? 있었다면 어떤 이유에서 불편했나요? 불편한 이유를 알고 있다면 여러분도 착한 기술을 만들 수 있어요. 과학자가 아니라도 사람을 사랑하고 세상을 행복하게 할 마음이 있다면 누구나 적정 기술을 만들 수 있지요.

실제로 전문가나 과학자가 아니라도 적정 기술 도구를 만들어 성공한 사례가 적지 않아요. 여러분도 지구를 구하고 세상을 행복하게 해 줄 나만의 적정 기술에 도전해 보세요!

117

| 환경 탐정 뀨와 공학특공대 |

종이로 만든 현미경이 있다고?

나 신기한 제품을 발견했다뀨! 종이로 만든 현미경이라뀨!

세균을 알아내는 '폴드 스코프 현미경' 말입니까? 지금도 아프리카에서는 많은 사람이 말라리아나 장티푸스 같은 질병으로 사망하고 있습니닷. 아파도 어떤 병에 걸렸는지 확인하기 어려운 것이 더 큰 문제였는데, 바로 이 현미경이 해결해 주었습니닷!

▲ 마누 프라카시 교수와 폴드 스코프 현미경

©Manu Prakash at TED by Amit Madheshiya, ted.com, CC BY-SA 4.0

어떻게 해결했냐꾜?

병에 걸렸는지 확인하려면 혈액 속에 말라리아 원충이 있는지 살펴봐야 합니닷. 하지만 의료 장비가 없는 사람들은 병인지도 모른 채 시름시름 앓다 죽습니닷. 이에 미국 스탠퍼드 대학교 생물공학과 마누 프라카시 교수가 저렴한 비용으로 각종 기생충을 볼 수 있는 현미경을 만들었습니닷. 비싼 현미경에서 꼭 필요한 부분만 남기고 나머지는 저렴한 재료를 쓴 것입니닷!

종이로 만들었는데 세균이 잘 보이겠냐꾜?

쉽게 부서지는 단점이 있지만, 말라리아나 장티푸스 같은 세균을 찾는 데는 지장이 없답니닷. 렌즈 배율은 2,000배로, 대장균과 말라리아 기생충을 식별하기에 충분합니닷. 게다가 조립하기도 쉬워 누구나 쉽게 이용할 수 있습니닷!

역시 적정 기술은 멋지다꾜. 나도 종이로 뭘 만들 수 있을지 연구해야겠다꾜!